历史自信

增强做中国人的志气、骨气和底气

王英梅 ◎ 著

中共中央党校出版社

图书在版编目（CIP）数据

历史自信：增强做中国人的志气、骨气和底气 / 王英梅著 . -- 北京：中共中央党校出版社，2023.1（2023.12 重印）
ISBN 978-7-5035-7421-4

Ⅰ．①历… Ⅱ．①王… Ⅲ．①中国共产党 - 党史 - 研究 Ⅳ．① D23

中国版本图书馆 CIP 数据核字（2022）第 174723 号

历史自信：增强做中国人的志气、骨气和底气

责任编辑	任丽娜　桑月月
责任印制	陈梦楠
责任校对	马　晶
出版发行	中共中央党校出版社
地　　址	北京市海淀区长春桥路 6 号
电　　话	（010）68922815（总编室）　（010）68922233（发行部）
传　　真	（010）68922814
经　　销	全国新华书店
印　　刷	北京盛通印刷股份有限公司
开　　本	690 毫米 ×980 毫米　1/16
字　　数	200 千字
印　　张	17
版　　次	2023 年 1 月第 1 版　2023 年 12 月第 2 次印刷
定　　价	68.00 元

微 信 ID：中共中央党校出版社　　　邮　箱：zydxcbs2018@163.com

版权所有・侵权必究

如有印装质量问题，请与本社发行部联系调换

目　录

引　言　历史自信的生成逻辑、价值旨趣和核心要求……………001

第一章　人间正道：中华民族的底气来自历史自信……………014

一、中华民族拥有悠久灿烂的文明………………………… 015
二、近代以来中华民族遭受的屈辱与苦难世所罕见……… 022
三、伟大复兴令无数志士仁人前仆后继、孜孜以求……… 031
四、中国共产党把中华民族带上实现伟大复兴的人间正道 … 039

第二章　苦难辉煌：党的百年求索增加了历史自信……………049

一、中国共产党对中华民族的伟大贡献…………………… 050
二、中国共产党对中国人民的伟大贡献…………………… 054
三、中国共产党对世界的伟大贡献………………………… 061
四、经受各种风险考验，铸造了中国共产党独特的优势… 066

第三章 历史交汇：站在实现第二个百年奋斗目标新征程上……076

一、前所未有地靠近世界舞台的中心……………………… 077
二、前所未有地接近实现中华民族伟大复兴的目标……… 080
三、前所未有地具有实现中华民族伟大复兴的信心和能力… 085
四、前所未有地面临"两个大局"相互交织的局面………… 088

第四章 反求诸己：必须永葆"赶考"的清醒和坚定………… 095

一、"大一统"的国家形态、治理智慧与现代元素……… 096
二、中国共产党领导下的"大一统"制度体系…………… 105
三、中国共产党"大一统"领导制度的整合与优化……… 115
四、坚持自我革命，决不能滋生已经严到位的厌倦情绪… 119

第五章 用马克思主义之"矢"射新时代中国之"的"……… 129

一、大道之行：马克思主义中国化时代化………………… 130
二、深刻理解习近平新时代中国特色社会主义思想……… 137
三、"两个结合"：马克思主义中国化时代化的规律性揭示… 144
四、开辟马克思主义中国化时代化新境界………………… 152

第六章 正确的道路从哪里来？从人民群众中来……………… 157

一、中国传统民本思想………………………………………… 158
二、识变：中国共产党人民中心论的历史沿革…………… 163

三、应变：中国共产党人民中心论的实践进路……………… 167

四、求变：中国共产党人民中心论的评判标准……………… 181

第七章 图之于未萌，虑之于未有：从战略思维上看问题想问题…187

一、战略思维决定中国共产党战略方向……………………… 188

二、中国共产党战略思维的鲜明特征………………………… 194

三、中国共产党战略思维的逻辑内蕴………………………… 204

四、党员干部要全面提升运用战略思维能力………………… 214

第八章 守正创新：传承弘扬中华文明血脉……………………222

一、文化底蕴使中华民族凝结为一个共同体………………… 223

二、中华文明复兴是历史的必然……………………………… 225

三、人类文明新形态：中国特色社会主义文明……………… 228

四、走向人类命运共同体……………………………………… 234

第九章 备预不虞：在党史学习教育中筑牢历史记忆…………241

一、历史的回顾………………………………………………… 242

二、历史的启示………………………………………………… 250

结束语 中国发展道路的独特性……………………………………262

引 言

历史自信的生成逻辑、价值旨趣和核心要求

历史自信是一种历史意识,更是一种历史责任和担当。2021年11月11日,习近平总书记在党的十九届六中全会第二次全体会议上发表重要讲话,要求"坚定历史自信,自觉坚守理想信念",强调全会通过的《中共中央关于党的百年奋斗重大成就和历史经验的决议》(以下简称《决议》)"充分显示了我们党高度的历史自信,向党内外、国内外展示了一个百年大党的清醒和成熟"[①]。在党的二十大上,他再次强调历史自信。这是继道路自信、理论自信、制度自信、文化自信"四个自信"之后,习近平总书记对国家、民族、政党自信问题又一重要概念的阐释和论述。

---

① 习近平:《以史为鉴、开创未来　埋头苦干、勇毅前行》,《求是》2022年第1期。

| 历 | 史 | 自 | 信 |
增强做中国人的志气、骨气和底气

历史自信的生成逻辑

欲知大道，必先知史。历史是对涉及过去的事件的发现、收集、组织、介绍以及对这些事件的信息解读；自信是一种积极有效地表达自我价值、自我尊重、自我理解的心理特征，是主观判断与客观验证高度一致而形成的健康精神状态。历史自信是一种正向的精神力量，它不是个人意志，不是某个阶级和政党外在强加的，而是在历史选择、历史实践及反复的历史检验中渐次形成的真理性认识。这表明，历史自信是一个民族、一个政党深沉而又持久的力量，是历史主体对民族、国家、政党历史的信心和信念。其中，历史认知是历史自信的重要基础。从这个意义上讲，习近平总书记所强调的历史自信，是指中国共产党对自身历史以及由此扩展到对中华民族历史的坚定自信。

历史自信源于中华民族5000多年的文明史。每一种文明都有它的精神气象，中华文明最为突出的精神气象莫过于它的"王者之风"。中华文明是伟大的文明，它融汇儒、释、道以及诸子百家，形成了丰富而发达的中华优秀传统文化。历史的尘埃虽早已湮没，但文明的兴盛却已写成民族的荣耀记忆，浸濡着民族内在的高远追求。中国共产党从成立之日起，为国家立心，为民族立魂，以马克思主义为指导，坚持把马克思主义基本原理与中国具体实际相结合、同中华优秀传统文化相结合，创立了毛泽东思想、邓小平理论，形成了"三个代表"重要思想、科学发展观，创立了习近平新时代中国特色社会主义思想，带领中国人民站起来、富起来，正在向强起来迈进。正如习近平主席所指出的："自古以来，中华文明在继承创新中不断发展，在应时处变中不断升华，积淀着中华民族最深沉的精神追求，是中华民族生生不息、发展壮大的丰厚滋养。"①中华民族5000多年文明的传承与积淀，是我们坚定历史自信，风雨无阻、高歌猛进的重要力量。

历史自信源于党为国家、为人民、为民族奋斗取得的成就。翻开近现代史，可以清晰地看到，中国能从最悲惨的境遇向着光明的前途实现伟大历史转变，就是因为有了中国共产党的领导。1921年中国共产党成立时，中国正处于"政党林立"的时期，全国约有300多个政党和类似于政党的政治团体。在此前后，各种组织、各种政党都登台了，也大都谢幕了，有的甚至成了人民的对立面，都没能做到挽救中国社会的沉沦。而中国共产党始终把为中国人民谋幸福、为中华民族谋复兴作为自己的初心使命，团结带领全国各族人民为争取民族独立、人民解放和实现国家富强、人民幸福而不懈奋斗，已经走过100多年的光辉历程。新民主主义革命、社会主义革命和社会主义建设时期，以毛泽东同志为主要代表的中国共产党人团结带领中国人民成立了中华人民共和国，

---

① 《习近平出席亚洲文明对话大会开幕式并发表主旨演讲》，《检察日报》2019年5月16日。

历 史 自 信
增强做中国人的志气、骨气和底气

为实现中华民族伟大复兴创造了根本社会条件；建立了社会主义制度并取得了伟大建设成就，为实现民族复兴奠定了根本政治前提和制度基础。改革开放和社会主义现代化建设新时期，以邓小平同志、江泽民同志和胡锦涛同志为主要代表的中国共产党人在新的历史起点开创、坚持、捍卫、发展了中国特色社会主义，使中国弯道超车并大踏步赶上时代。党的十八大以来，中国特色社会主义进入新时代。10多年来，以习近平同志为主要代表的中国共产党人，以伟大的历史主动精神、巨大的政治勇气、强烈的责任担当，推动党和国家事业取得历史性成就、发生历史性变革，使实现中华民族伟大复兴进入不可逆转的历史进程，使科学社会主义在21世纪的中国焕发出强大生机活力。100多年来，中国共产党为国家、为人民、为民族作出的彪炳史册的伟大贡献，是我们坚定历史自信的重要基础。

历史自信源于党对世界的贡献。从世界文明史来看，获得民族独立和人民解放是被压迫国家发展和进步的前提。中国共产党领导的中国革命，不仅使中华民族获得了独立，也有力地鼓舞了其他被压迫民族的解放斗争，为全人类的解放事业开辟了新局面、作出了伟大贡献。中国共产党领导的经济建设不仅使中国发生了翻天覆地的变化，而且成为世界经济的新引擎。中国提前10年实现联合国2030年可持续发展议程的减贫目标。世界银行专家直呼，这是"21世纪最伟大的世界故事之一""将成为全球反贫困事业的教科书"。在新中国成立特别是改革开放以来的长期探索和实践基础上，经过党的十八大以来在理论和实践上的创新突破，中国共产党成功推进和拓展了中国式现代化，这是坚持把国家和民族发展放在自己力量基点上的现代化，把中国发展进步的命运牢牢掌握在自己手里的现代化，这是世界文明的新方向。习近平总书记曾深刻指出："这些前无古人的创举，破解了人类社会发展的诸多难题，摒弃了西方以资本为中心的现代化、两极分化的现代化、物质主义膨胀的现代化、对外扩张掠夺的现代化老路，拓展了发展中国家走向现代化的途径，为人类对更好社会制度的探索提供了中国方案。"[①]100多年来，中国共产党始终坚守人民立场，不忘初心、牢记使命，这无疑给现代世界政党建设提供了新借鉴。面向未来，可以预见，中国特色社会主义的豪迈前行将使世界范围内两种意识形态和社会制度的历史演进及其较量，发生有利于马克思主义和社会主义的深刻转变，这对世界发展和人类进步事业具有深远的意义。

历史自信源于党的奋斗精神。风雨苍黄、百年砥砺。100多年来，党在奋斗实践中形成并始终弘扬"坚持真理、坚守理想，践行初心、担当使命，不怕牺牲、英勇斗争，对党忠诚、不负人民"的伟大建党精神，充分彰显了其在思想、政治、行动上的先进性。

---

① 习近平：《以史为鉴、开创未来　埋头苦干、勇毅前行》，《求是》2022年第1期。

| 历 | 史 | 自 | 信 |
增强做中国人的志气、骨气和底气

我们党带领广大人民从不在任何一个前行的节点上停留，而是始终在历史的荆棘中以驰而不息的奋斗精神不断创造新的辉煌。在新民主主义革命时期，中国共产党人始终浴血奋战在第一线，以"奋斗姿态"取得了革命的胜利；中华人民共和国成立后，中国共产党人始终以"奋斗姿态"保证了社会主义事业的蓬勃发展；改革开放后，中国共产党人始终以"奋斗姿态"不断彰显出中国特色社会主义制度的优越性；新时代以来，中国共产党人又始终以"奋斗姿态"实现了伟大变革，在党史、新中国史、改革开放史、社会主义发展史、中华民族发展史上具有里程碑意义。中国共产党人坚定、坚强、坚韧的奋斗姿态既是一种民族精神的外化，也是一种革命精神的外化，更是一种时代精神的外化。它熔铸于中国共产党人百年奋斗的伟大实践，并在百年传承中不断丰富和发展。中国共产党人的历史自信，既是对奋斗成就的自信，也是对奋斗精神的自信。

中国共产党的历史自信深植于其政治先进性及其历史展开之中，建立在辉煌成就和成功经验的基础之上，具有科学的历史观方法论支撑和深厚的历史文化渊源。

历史自信的价值旨趣

坚定历史自信为实现中华民族伟大复兴提供不竭动力。历史、现实、未来是相通的，了解历史才能看得更远，理解历史才能走得更远，历史在认识事物、把握问题、明辨事理中具有重要的地位和作用。习近平总书记特别重视历史比较，在他的讲话中，常常上下五千年，纵横几万里，以开阔的历史视野，观察现实、思考未来。在党史学习教育动员大会上，他特意强调："党的历史是最生动、最有说服力的教科书。"① 在新的赶考路上，世界百年未有之大变局加速演进，世界之变、时代之变、历史之变的特征更加明显。我国发展面临新的战略机遇、新的战略任务、新的战略阶段、新的战略要求、新的战略环境，需要应对的风险和挑战、需要解决的矛盾和问题比以往更加错综复杂。这就需要中国共产党人沉着冷静，以逢山开路、遇水架桥的刚健勇毅不断开创新境界，也需要我们共产党人从党的光辉历程中汲取不竭动力，不断释放历史自信的持久精神效能。

坚定历史自信为坚持和发展中国特色社会主义提供智慧。中国特色社会主义是科学社会主义理论逻辑和中国社会发展实践逻辑的辩证统一。中国特色社会主义，核心就是对马克思主义的信仰，最本质的特征就是中国共产党的领导，与《共产党宣言》的基本精神相一致。基于此，我们所理解和推进的中国特色社会主义，是共产主义在当代中国的具体运动形式，如果离开共产主义的核

---

① 习近平：《在党史学习教育动员大会上的讲话》，《求是》2021年第7期。

历史自信
增强做中国人的志气、骨气和底气

心思想理解中国特色社会主义，我们的改革开放就会迷失方向，我们的社会发展就会偏离社会主义的航道。改革开放40多年蕴藏的历史逻辑，就是只有中国特色社会主义才能发展中国、繁荣中国、强大中国。这一历史逻辑是党和人民的一笔宝贵精神财富，它给予我们深刻的历史启迪。同时，我们党也清醒地认识到，站在新的历史起点上，坚持和发展中国特色社会主义需要解决的都是"难啃的硬骨头""难涉的险滩"，这个时候更需要有"明知山有虎，偏向虎山行"的勇气，不断把全面深化改革推向前进。所以，"中国特色社会主义向前走"是一场艰巨而伟大的社会革命，坚定的历史自信会有力地助推中国特色社会主义伟大事业取得更辉煌的胜利，而中国特色社会主义的辉煌胜利也会在实践中进一步增强历史自信。

坚定历史自信为党的远大目标实现提供强大底气。历史自信的深处是价值自信、信念自信。中国共产党是一个马克思主义执政党，它以马克思主义作为自己的指导思想和理论基础，以实现共产主义为最终归宿。中国共产党作为百年大党正风华正茂，千锤百炼仍朝气蓬勃，原因就在于始终致力于共产主义远大目标的实现。100多年来，中国共产党坚守初心使命，坚定理想信念，始终依靠自我革命保持先进性和纯洁性，锻造了走在时代前列的独特优势；中国共产党以为世界谋大同的行动昭告世界，大党之大，不在于体量大、块头大、拳头大，而在于胸襟大、格局大、担当大。从我们党的过去,可以解释她的现在,更可预见她的未来。我们完全可以充满底气地向世人宣告,中国共产党经受住了重大考验、战胜了重大危险,为马克思主义政党建设提供了宝贵经验,为世界社会主义发展作出了重大贡献,是百年未有之大变局向深度发展的关键变量。

历史自信的基本遵循

历史自信映照现实,远观未来。习近平总书记指出:"我们看世界,不能被乱花迷眼,也不能被浮云遮眼,而要端起历史规律的望远镜细心观望。"[①]历史规律反映历史的本质和必然性,是构成历史自信根本的、内在的支撑。对历史规律的把握越深刻,历史自信就越自觉、越坚定。《决议》所总结概括的"十条历史经验",既是历史实践的科学结论,又是历史规律的深刻昭示,为坚定历史自信提供了基本遵循。

坚持党的领导。坚持党的领导揭示了近代以来中国人民和中华民族历史命运彻底扭转的根本原因。社会主义救中国,中国特色社会主义发展中国。这一切最根本的是由于中国共产党的成立,由于中国共产党的推动,由于中国共产党的坚强全面集中统一领导。

---

① 《习近平谈治国理政》第2卷,外文出版社2017年版,第442页。

历史自信
增强做中国人的志气、骨气和底气

坚持人民至上。坚持人民至上揭示了党始终立于不败之地的根本所在。中国共产党代表中国最广大人民的根本利益，没有任何自己特殊的利益，从来不代表任何利益集团、任何权势团体、任何特权阶层的利益，由此得到了全体中国人民的拥护和支持。党有了人民这个"真正的铜墙铁壁"，就能够不断从胜利走向胜利。

坚持理论创新。坚持理论创新揭示了党的历史实践不断成功的思想路线。党之所以能够领导人民在一次次求索、一次次挫折、一次次开拓中完成中国其他各种政治力量不可能完成的艰巨任务，根本在于用理论及时回答时代之问、人民之问，不断推进马克思主义中国化时代化。

坚持独立自主。坚持独立自主揭示了中华民族实现伟大复兴的基本途径。《决议》指出："人类历史上没有一个民族、一个国家可以通过依赖外部力量、照搬外国模式、跟在他人后面亦步亦趋实现强大和振兴。那样做的结果，不是必然遭遇失败，就是必然成为他人的附庸。"[①] 把中国发展进步的命运始终牢牢掌握在自己手中，正是党和人民的成功之道。

坚持中国道路。坚持中国道路揭示了实现中华民族伟大复兴的必由之路。"党领导人民成功走出中国式现代化道路，创造了

[①] 《〈中共中央关于党的百年奋斗重大成就和历史经验的决议〉辅导读本》，人民出版社2021年版，第76页。

引　言　历史自信的生成逻辑、价值旨趣和核心要求

人类文明新形态。"[①] 脚踏中华大地，传承中华文明，走符合中国国情的正确道路，党和人民就具有无比广阔的舞台，具有无比深厚的底蕴支撑，具有无比强大的前进动力。

坚持胸怀天下。历史的潮流浩浩荡荡，不可阻挡。马克思主义以实现人类解放为己任，胸怀天下是始终坚持共产主义理想和社会主义信念的必然要求。中国共产党始终遵循马克思主义原理，以世界眼光关注人类前途命运，始终站在历史正确的一边，站在人类进步的一边，始终坚定世界人民立场。

坚持开拓创新。坚持开拓创新揭示了党准确识变、科学应变、主动求变的进取创新精神。创新是一个国家、一个民族发展进步的不竭动力。党的百年奋斗史创造的伟大成就、推动的伟大飞跃，都是在努力开拓、锐意创新中实现的。变化中的不变是开拓创新，永葆生机活力靠的就是开拓创新。

坚持敢于斗争。坚持敢于斗争揭示了党始终掌握历史主动的转化能力。贯穿党的历史的一条基本线索，也是党的事业取得胜利的一个根本原因，就是党始终坚持敢于斗争、敢于胜利的大无畏革命精神。依靠斗争开创历史、依靠斗争取得胜利，这是党面对各个历史时期艰巨的形势任务彰显的鲜明特色。

坚持统一战线。坚持统一战线揭示了党克敌制胜、执政兴国

[①] 《〈中共中央关于党的百年奋斗重大成就和历史经验的决议〉辅导读本》，人民出版社2021年版，第354页。

的重要法宝。团结一切可以团结的力量，调动一切可以调动的积极因素，是党的力量不断发展壮大的法宝。铸牢中华民族共同体意识，形成海内外全体中华儿女心往一处想、劲往一处使的生动局面，就一定能够汇聚起实现中华民族伟大复兴的磅礴伟力。

坚持自我革命。坚持自我革命揭示了党永葆先进性和纯洁性、始终走在时代前列的根本途径。我们党的规模这么大、执政这么久，如何跳出治乱兴衰的历史周期率，毛泽东在延安窑洞里给出了第一个答案，就是"让人民来监督政府，政府才不敢松懈"；经过100多年奋斗特别是党的十八大以来新的实践，习近平总书记又给出了第二个答案，这就是必须永葆"赶考"的清醒和坚定，坚持进行自我革命。

这"十条历史经验"是系统完整、相互贯通的有机整体，揭示了党和人民事业不断成功的基本规律，揭示了党始终立于不败之地的力量源泉，揭示了党永葆先进性和纯洁性、始终走在时代前列的根本途径。在党的二十大上，习近平总书记又从"必由之路"的视角对此进行了深刻阐释："全党必须牢记，坚持党的全面领导是坚持和发展中国特色社会主义的必由之路，中国特色社会主义是实现中华民族伟大复兴的必由之路，团结奋斗是中国人民创造历史伟业的必由之路，贯彻新发展理念是新时代我国发展壮大的必由之路，全面从严治党是党永葆生机活力、走好新的赶考之路的必由之路。"①这是我们在长期实践中得出的至关紧要的规律性认识，必须倍加珍惜、始终坚持，咬定青山不放松，引领和保障中国特色社会主义巍巍巨轮乘风破浪、行稳致远。

　　历史自信不会凭空产生，它离不开强烈的历史使命驱动。在新的历史方位上，以习近平同志为核心的党中央，以党的百年奋斗重大成就和历史经验为主题，提出历史自信这一重要论断，可谓适逢其时、振奋人心。中华文明的历史精神是其源头，中华民族伟大复兴是其动力，第二个百年奋斗目标是其际遇，自我革命精神是其品格，马克思主义中国化时代化是其先导，人民群众是其主体，战略思维是其内在逻辑。面向未来，以历史自信洞察历史大势、掌握历史主动，这是历史的回响，也是时代的强音，必将在新时代新征程上赢得更加伟大的胜利和荣光！

---

① 习近平：《高举中国特色社会主义伟大旗帜　为全面建设社会主义现代化国家而团结奋斗——在中国共产党第二十次全国代表大会上的报告》，《人民日报》2022年10月26日。

第一章

人间正道：中华民族的底气来自历史自信

循大道，至万里。记录与探究历史是人类理解自身的重要途径。马克思曾讲过："历史从哪里开始，思想进程也应当从哪里开始，而思想进程的进一步发展不过是历史过程在抽象的、理论上前后一贯的形式上的反映。"① 习近平总书记说："历史就是历史，历史不能任意选择，一个民族的历史是一个民族安身立命的基础。"②"历史是最好的教科书。"③ 中国历史的特质，一来持久，从未断裂；二来变化，流动不居。贵在"求其久"，重在"察其变"，中华民族在某种意义上是一个"历史的民族""创造的民族"，

---

① 《马克思恩格斯选集》第 2 卷，人民出版社 2012 年版，第 14 页。
② 习近平：《论中国共产党历史》，中央文献出版社 2021 年版，第 57 页。
③ 《习近平谈治国理政》第 1 卷，外文出版社 2018 年版，第 405 页。

为人类文明进步作出了不可磨灭的贡献,最有底气拥有历史自信。

一、中华民族拥有悠久灿烂的文明

中华民族是一个伟大的民族,在几千年的历史流变中,于艰难中挺立,在困厄中奋发,锤炼出独具特色、博大精深的中华文明,独领风骚数千年,为中华民族克服困难、生生不息提供了强大精神支撑。独特的中华文明,为什么能如此辉煌并存续至今?近代为什么又一度落伍?其中有哪些因素,对未来的中国将会产生怎样的影响?哪些经验教训值得我们汲取?为了从历史的发展轨迹中探寻规律,以此作为判断未来走向的依据,我们先对基本概念作一简要解析。

(一)基本概念

中国。简单来讲,汉语中的"中国"一词,最早是指西周京畿(今洛阳)地区,后演变为黄河流域中下游的中原地区。"中国"以外则称为四夷,居天地之中者曰"中国",居天地之偏者曰"夷"。"中国"同时又以"华夏""中华""中夏""中原""诸夏""诸华""神州""九州""海内"等代称出现。

华夏。"华夏",单称"华",或单称"夏",春秋以后始见记载,是建立西周的姬姓之族的自称。至于"华夏"的含义,

历 史 自 信
增强做中国人的志气、骨气和底气

学者孔颖达解析:"中国有礼仪之大,故称夏;有服章之美,谓之华。"可见,"华"指服饰,在服饰华美、注重礼仪的周人眼中,以"华"表示自己文化习俗的美好。"夏"为"大",这是指一定政治实体的经济与军事力量,一般来讲,只有经济发展,才会促进政治制度和生活方式进步。所以,"华夏"一词代表着当时最先进的文化。

中华。大约在魏晋时期,由"中国"与"华夏"复合而成的"中华"一词出现。"中华"在历史上曾专指汉族,这是由于华夏文化发达,遂以"中华"自称。《晋书·陈頵传》记载:"中华所以倾弊,四海所以土崩。"这里以"中华"对"四海",显然是承接"中国"的地理概念。从南北朝开始,"中华"一词已突破了"华夏"主要指汉族的局限,开始向包括中国各民族的词义发展。尽管华夷之别在中国古代长期存在,但是,经过魏晋南北朝的民族大融合,汉族与少数民族的对立渐渐淡化,"华夷一家"的观念逐步深入人心。

文化。《补亡诗·由仪》有云:"文化内辑,武功外悠。"这里所用"文化",是文治教化的意思。文化作为人类社会的现实存在,具有与人类本身同样古老的历史。在文化的创造和发展中,主体是人,客体是自然,而文化便是人与自然、主体与客体在实践中的对立统一物。这里的"自然",不仅指存在于人身之外并与之对立的外在自然界,也指人类的本能、人的身体的各种自然属性。文化是改造自然、改造社会的活动,它同时也改造"改造者"自身,即实践的人。人创造了文化,同样文化也创造了人。例如,一块天然的岩石不具备文化意蕴,但经过人工打磨,便注入了人的价值观和劳动技能,从而进入"文化"范畴。所以,从一般意义上讲,凡是超越本能的、人类有意识地作用于自然界和社会的一切活动及其结果,都属于文化。

文明。"文明"一词在《易经》中多次出现,如"其德刚健而文明,应乎天而时行,是以元亨"。这里的"文明"是文采光明的意思。马克思主义认为,文明是使人类脱离野蛮状态的所有社会行为和自然行为构成的集合文明之变迁,实为生产方式之变迁。关于"中华文明",学界曾作过这样的表述:"是指包括当代56个民族以及曾活跃在中国历史舞台上的古代民族在内的中华民族,在数千年缔造统一的多民族国家的历史发展过程中,所创造的物质文明和精神文明的优秀成果。"[1]

文明与文化的区别主要表现在两个方面。纵向而言,从历史发展阶段看,文化是人类相对于动物状态的一种禀赋,是人之为人的本质规定;而文明是相对人类自己的野蛮状态而言的,是人类文化和社会发展的一个新阶段。横向来看,一般说来,文化可包括积极的、消极的两个方面,而文明主要包含积极的内容。毛

---

[1] 王炜民:《中华文明简史》,内蒙古大学出版社1999年版,前言第3页。

历史自信
增强做中国人的志气、骨气和底气

泽东在《新民主主义论》中谈道:"在中国,有帝国主义文化,这是反映帝国主义在政治上经济上统治或半统治中国的东西。"① 显然,这里的"帝国主义文化"中的"文化"一词,是不能用"文明"来替换的。然而,我们常说的"社会主义物质文明和精神文明建设"中的"文明"一词,可用"文化"代替。可见,"文化"的使用要比"文明"宽泛,正如学者王炜民所指出的:"传统文化包含有精华和糟粕两个方面,而文明则主要指进步、积极的内容。"②

中华民族。中华民族是唯一代表中国现代民族的共同体名称,是56个民族平等团结互助和谐多元一体的大家庭。作为一个自在的民族实体,中华民族几千年来一直存在。根据学界的梳理和研究,最早提出"中华民族"概念的是20世纪初站在近代中国时代前列的梁启超。梁启超说:"中国民族之所以存在,因为中国文化存在。"③ 由此便引申出广义的"中华民族"概念内涵,即所有认同中国国家和中华文明或自认是中华儿女的人,都是中华民族的一分子。也就是说,广义的中华民族不仅包括定居在国内的中华民族成员,还包括虽因各种缘由移居海外但与中国和中华文化保持着这样那样联系的华侨华人及其后代。

---

① 《毛泽东选集》第2卷,人民出版社1991年版,第694页。
② 王炜民:《中华文明简史》,内蒙古大学出版社1999年版,前言第12页。
③ 梁启超:《饮冰室专集》第13册,北京日报出版社2020年版,第178页。

第一章　人间正道：中华民族的底气来自历史自信

（二）中华文明在世界文明史中的地位

根据地下史料的发掘和研究，属于旧石器时代的有 170 万年前的元谋猿人遗址、70 万年前的北京猿人文化遗存、3 万年前的山顶洞人文化遗存。其中，元谋猿人和北京猿人是世界上已知最早用火的古人类。恩格斯曾说："就世界性解放作用而言，摩擦生火还是超过了蒸汽机，因为摩擦生火第一次使人支配了一种自然力，从而最终把人同动物界分开。"① 这是我国先民对人类文明发展的一个重要贡献。除此之外，还有遍布全国多地的新石器时代的文化遗存，这些丰富的文化遗存已经形成了一个独立的中华文明发展链条，并以无可辩驳的事实证明了中国是世界上最早的人类文明的发祥地之一。

"大邦者下流。"从世界文明史的宏大视野来看，古老的中华文明在古代世界文明史上处于领先地位，并且至少有五个高峰期或辉煌期，为人类文明的发展写下了光辉的篇章。

第一个高峰期（距今一万年左右）。中国与环地中海地带是当时世界文明起源的东西两大源头。恩格斯曾说过："农业是整个古代世界的决定性的生产部门。"② 这说明农业是文明出现的重要保证。考古发现，当时在黄河、长江流域的广大地区，就已经开始出现原始农业活动的迹象。随后中国农耕文明的发展超过了

---

① 恩格斯：《反杜林论》，人民出版社 2015 年版，第 121 页。
② 恩格斯：《家庭、私有制和国家的起源》，人民出版社 1972 年版，第 146 页。

历史自信
增强做中国人的志气、骨气和底气

古代世界上任何一个地区，对世界农业文明的发展作出了巨大的贡献。我国还是世界上最大、最早的水果原产地之一，如桃、李、杏、梅、甜橙、甜瓜等。中唐的陆羽曾系统地编著了世界上第一部茶叶学专著《茶经》，因而被后人祀为"茶神"。

第二个高峰期（公元前3000年前后的炎黄时代）。世界文明形成期的四大原创文明主要是指古埃及文明、古巴比伦文明、古印度文明、中华文明。所谓原创文明，就是独立起源的文明，没有其他文明的帮助或扶持、完全自主的文明。炎黄时代是中华文明的起源期和生成期。商朝后期把中国青铜时代文明发展到高峰阶段，同时也把中华文明形成的铜制工具、书面文字、原始城市、原始国家的四大标志发展到一个大大高于炎黄时代起源期的新水平。国家是文明社会的概括，是文明形成的总体性标志。

第三个高峰期（公元前1000年前后）。标志物是中华文化出现了"三大元典"——《易经》《诗经》《尚书》。"三大元典"在古代世界文明中断期可谓一枝独秀，并且其经典的篇章、哲思的语言，往往能在不同文化背景的人中引起情感的共鸣。当时，除中国之外的其他原创文明几乎都发生了中断、低落或逆转。

第四个高峰期（公元前500年前后的春秋战国到秦汉之际）。这是中国有历史记载的、空前统一和强盛时期产生的高度文明，是中华文明的定型期，具有承前启后的伟大意义。当时中国既有"铁器革命—农业革命—交通革命—城市革命—商业革命"，又有"老子道学—孔子儒学—孙子实学",并由此引出了百家争鸣的黄金时代,在中国思想史、世界思想史上大放异彩。这一时期的最大历史成果,是逐步建立了具有民族文化基础的统一的古代民族国家——秦与汉。与单纯靠武力征服的西方帝国相比,中国秦、汉两代帝国的显著特点是有统一的民族文字、统一的民族文化、统一的国家意识形态、"大一统"的国家制度。汉朝还开通了丝绸之路,打通了通往西域的黄金之路,为世界各国之间的文化艺术、经济、宗教等方面的交流作出了巨大贡献。

第五个高峰期(公元1000年前后的唐、宋、元时代)。宋代三大发明与文化复兴,这是中华文明的转型期。宋代经济、科技、文化都取得了长足发展,很多领域都达到了历史的顶峰。我国古代四大发明,其中有三项出现于宋代,分别是活字印刷术、指南针和火药。这三大发明不仅是对中国,更是对人类文明起到了重大的推动作用。西方"近代科学之父"培根曾说:"印刷、火药和磁石,这三种发明已经在世界范围内把事物的全部面貌和情况都改变了。……并由此又引起难以数计的变化来;竟至任何帝国、任何教派、任何星辰对人类事务的力量和影响都仿佛无过于这些机械性的发现了。"① 可以说,在西方中世纪出现文化衰退之际,中国文化代表了当时的世界文明之光。

---

① 〔英〕弗朗西斯·培根著,许宝骙译:《新工具》,商务印书馆1984年版,第103页。

百年世事三更梦,万里乾坤一局棋。中华文明绵延发展,有独特的价值体系,为人类作出了卓越贡献,成为世界上最伟大的文明。但是,随着资本主义生产方式的兴起和近代工业革命脚步的加快,近代中国很快落伍了。故步自封的封建统治者仍然沉浸在往日辉煌所造就的奢梦之中,等待着"万国来仪"。不料,等来的却是西方列强的坚船利炮和几乎亡国的灭顶之灾。

二、近代以来中华民族遭受的屈辱与苦难世所罕见

中国的近代史,是指1840年鸦片战争以后,直至1949年中华人民共和国成立前的100多年的历史。在这段历史中,中国逐步沦为半殖民地半封建社会,国家蒙辱、人民蒙难、文明蒙尘,中华民族遭受的屈辱与苦难世所罕见。因此,中国的近代史可以说是中华民族的屈辱史、苦难史、挨打史和落后史。

(一)鸦片战争:以清政府的失败而告终

鸦片战争,通常指第一次鸦片战争,是1840年至1842年英国对中国发动的一场非正义的侵略战争,英国经常称其为第一次中英战争或"通商战争"。

明朝嘉靖、万历年间,白银作为流通领域里的硬通货,保持了币值的稳定,这一情况一直持续到清朝中期。从清朝道光年间

开始，随着鸦片流入数量的急剧增加，白银开始大量外流，政府和百姓的负担大大增加。1839年6月3日，林则徐下令在虎门海滩当众销毁鸦片，至6月25日结束，销毁总重量为2376254斤。林则徐等人在这一历史事件中所体现出来的"苟利国家生死以，岂因祸福避趋之"的崇高精神成为激励后人的宝贵遗产。但是这一正义的历史事件，英国政府却以此为主要借口，在1840年6月，派出英军舰船47艘、陆军4000人封锁中国海口，鸦片战争由此开始。这次战争以中国失败、中英双方签订中国历史上第一个丧权辱国的不平等条约《南京条约》而告终。接着，1843年10月，又签订了中英《虎门条约》。美国、法国等西方列强也趁火打劫，逼迫清政府相继于1844年7月签订了中美《望厦条约》、10月签订了中法《黄埔条约》等一系列不平等条约。

古老的中国遭受到前所未有的冲击，开始向外国割地、赔款、商定关税等，丧失了独立自主的地位，并促进了小农经济的解体，逐步走向半殖民地半封建社会。从此，中华民族成为一个被压迫的民族，中国近代史在屈辱中开始。

（二）列强对中国的侵略

从1840年鸦片战争开始，到1949年中华人民共和国成立之前，列强通过军事侵略、政治控制、经济掠夺、文化输出等各种手段，使中国逐渐坠入了半殖民地半封建社会的深渊，逐步形成了一种从属于资本主义世界体系的畸形的社会形态。正如李鸿章曾在一封奏折中对此发出中国正面临着"三千年未有之大变局"的哀叹。

军事侵略。资本主义列强对中国发动的大规模的武装侵华战争就有五次,即第一次鸦片战争、第二次鸦片战争、中法战争、中日甲午战争、八国联军侵华战争。其中,1856年,英、法发动的第二次鸦片战争,把侵略的魔爪从沿海深入内地。1883年爆发的中法战争,中国不败而败。1894年,日本发动侵略中国的甲午战争,清政府惨遭失败。1900年,八国联军大举侵略中国,全面控制了清政府。在这期间,资本主义列强通常用战争和威胁手段获取侵略利益,然后以不平等条约的形式固定下来,其中以《南京条约》《马关条约》《辛丑条约》影响最大,构成了近代中国的"悲凉三部曲"。签订《南京条约》,将香港岛割让给英国;签订《北京条约》,将香港岛对岸九龙半岛南端和昂船洲割让给英国;与葡萄牙订立《中葡和好通商条约》,允许葡萄牙"永居管理澳门";与日本签订《马关条约》,将台湾全岛及所属各岛屿和澎湖列岛割让给日本。其中,通过这种方式侵占中国领土最多的是沙皇俄国,共侵占151万多平方公里。列强们在侵占领土的基础上,还发展各自的势力范围,先后在上海、天津、汉口、广州、福州、重庆等16个城市设立了30多个租界,中国成为名副其实的"国中之国",中国人民逐渐失去了最起码的生存条件。

政治控制。第二次鸦片战争后,英、法、俄、美等列强在北京建立了公使馆。这些驻华公使,是以战胜者的姿态进入北京的,他们不是普通的外交官,而是清政府的"太上皇"。列强还直接控制了中国的海关管理权。近代海关的历史上,一共有5个外国人担任过总税务司一职,其中第二任英国人赫德任期长达45年之久。列强还把清政府改造成为他们统治中国的工具。1862年,清政府向英、法等国"借师助剿",共同镇压太平天国运动。19世纪末20世纪初,清政府与列强共同镇压了义和团运动。1901年《辛丑条约》签订后,清政府完全成为他们驯服的工具。清政府在辛亥革命的打击下即将灭亡的时候,帝国主义又转而扶植袁世凯建立北洋军阀政府,继续作为他们统治中国的新工具。后来,蒋介石为了取得帝国主义的支持,对外继续坚持妥协投降的方针,中国仍然处于半殖民地半封建社会的深渊。由此可见,帝国主义侵略中国的过程,也是中国封建主义、官僚资本主义与帝国主义相勾结的过程,他们之间是互为工具和靠山的关系。

经济掠夺。鸦片战争前,清政府实行闭关政策,只允许外国商人在广州一地贸易,而且必须经过官方指定的公行即"十三行"进行。第一次鸦片战争后,清政府相继开放广州、厦门、福州等地为通商口岸。陆路方面,清政府还向俄国开放伊犁、喀什噶尔等商埠。这些通商口岸大多成为列强在中国进行经济侵略的基地。从19世纪50年代起,外国人逐步控制了中国海关的行政权,殖民政策由直接掠夺为主变为以商品输出为主。《马

历史自信
增强做中国人的志气、骨气和底气

关条约》签订以前，列强以商品输出和不等价交换的殖民贸易进行经济掠夺，又利用协定关税权、海关管理权、片面最惠国待遇、免除子口税、在中国沿海和内河的航运权等一系列经济特权，高价销售其商品，廉价掠夺原料，还伴随着走私贩毒、掠夺华工的卑鄙勾当。《马关条约》签订以后，列强又大力在中国开设银行，修筑铁路，开采矿山，投资设厂，以资本输出掠夺中国。资本输出和商品输出比起来，列强更直接地利用中国的廉价原料和廉价劳动力，攫取了更高额的利润。据统计，近百年时间，外国侵略者通过不平等条约掠去战争赔款和其他款项达白银1000亿两。其中《南京条约》《马关条约》《辛丑条约》等8个不平等条约就勒索赔款19.53亿两白银，相当于清政府1901年收入总额的16倍。而日本仅通过《马关条约》勒索的赔款就达2.3亿两白银，相当于当时日本国家财政4年半的收入。这一笔笔巨额赔款，一方面榨干了中国人民的膏血，加剧了中国人民的苦难；另一方面又成为列强进一步剥削和掠夺中国的资本，使中国成为西方大国的经济附庸，形成中国日益贫困的恶性循环，直接导致了清朝的灭亡。清朝灭亡之后，一直到新中国成立之前，我国的金融危机接连不断，追根溯源无不与近代史上这些巨额的战争赔款密切相关，这些巨额赔款掏空了国家的精气神，使之偶感风寒，便会病入膏肓、一病难起。

文化输出。列强的文化输出，有许多是披着宗教的外衣、在传教的名义下进行的。传教士以"发展"中国文化事业为名，在中国建立各种类型的学校。学校聘请外国传教士主持教务，课程的主要内容是宗教知识，其目的是培养为帝国主义侵略服务的人才。各国基督教会还于1877年成立基督教学校教科书编纂委员会，为教会学校编写、出版教科书。1890年，基督教学校教科书编纂委员会改组为中华教育会，促进各教派之间的合作，增强其文化侵略的力量，实质上"中华教育会"以帮助"中国改革教育"为招牌，把它的魔爪伸向中国整个教育界，妄图全面控制中国教育权，使教育成为侵略中国的一条战线。传教士在中国创办所谓的慈善机构，如医院、育婴堂，其目的是通过"善士"和"医生"接触广大人民群众，愚弄中国人民。传教士中的某些势力在中国办报纸、杂志，翻译、出版各种书刊，为列强侵略制造舆论。广学会发行的刊物《万国公报》，在介绍西方史地、政治、文化的同时，宣扬殖民主义奴化思想。该刊主编、美国传教士林乐知竟然鼓吹英国统治印度有12条好处，主张把英国的殖民统治经验搬到中国来。他们中的一些人，采用欺骗讹诈、强迫捐献、压价购买、强占垦地等手段霸占土地，建造教堂，剥削佃户，出租房产。有的还包揽词讼，包庇教徒中的不法分子，或者强迫中国教民抛弃中国传统礼俗，并大肆宣扬"种族优劣论"，甚至公开干涉中国内政。列强的野蛮侵略严重破坏了中国的主权与领土完整，给中国人民带来巨大灾难，阻碍了中国社会的全面进步和发展。在民族危亡的严峻形势下,中国人民持续奋起抗争,在中华民族反侵略历史上写下了英勇悲壮的篇章。

有些人讲,鸦片战争是"两片树叶"的战争,一片是茶叶,一片是鸦片,就是这样"两片树叶"改变了中国。这一说法有一点形象,但在沉重的历史面前,轻飘飘的"两片树叶"说辞太过不负责任,何况鸦片是罪、毒的工具"树叶"。探究内在原因,社会制度的腐败、科学技术落后、闭关锁国等教训一定要引以为戒。当然,西方资本主义列强奉行丛林法则对中国持续不断的侵略,是近代中国落伍的根本原因。"落后就要挨打",这是近代中国最惨痛的教训!每一名华夏子孙都应该记住这段屈辱史,它的存在是中华民族的悲哀!列宁说过,忘记历史就意味着背叛!

(三)近代中国社会的主要矛盾和历史任务

结合列强对中国的军事侵略、政治侵略、经济侵略和文化侵略的分析,中国半殖民地半封建社会的性质,体现在近代中国政治、经济、文化和社会的各个领域,四者密切结合、互相联系,呈现出以下一些基本特征:第一,资本—帝国主义侵略势力不但逐步操纵了中国的财政和经济命脉,而且逐步控制了中国的政治,日益成为支配中国的决定性力量。第二,中国的封建势力日益衰败并同外国侵略势力相勾结,成为资本—帝国主义压迫、奴役中国人民的社会基础和统治支柱。第三,中国自然经济的基础虽然遭到破坏，但是封建剥削制度的根基即封建地主的土地所有制依然在广大地区内保持着，成为中国走向现代化和民主化的严重障碍。第四，中国新兴的民族资本主义经济虽然已经产生，并在政治、文化生活中起了一定的作用，但是在帝国主义和封建主义的双重压迫下，它的发展很缓慢，力量很软弱，而且它的大部分与外国资本—帝国主义和本国封建主义有或多或少的联系。第五，由于近代中国处于资本—帝国主义列强的争夺和间接统治之下，加上中国地域广大以及在地方性的农业经济的基础上形成的地方割据势力的存在，近代中国各地区经济、政治和文化的发展极不平衡。帝国主义列强还分别支持不同的政治势力以分裂中国，使中国处于不统一状态。第六，在资本—帝国主义和封建主义的双重压迫下（后来还加上官僚资本主义的压迫），中国的广大人民尤其是农民日益贫困化以致大批破产，过着饥寒交迫和毫无政治权利的生活。

因此，近代中国半殖民地半封建社会的矛盾，呈现出错综复杂的状况。其中有中华民族与资本—帝国主义的矛盾、农民阶级与地主阶级的矛盾、资产阶级与地主阶级的矛盾、无产阶级与资产阶级的矛盾、封建统治阶级内部各集团派系的矛盾、各帝国主义国家在中国争夺的矛盾，等等。在这些社会矛盾中，占支配地位的主要矛盾是帝国主义和中华民族的矛盾、封建主义和人民大众的矛盾。这两对主要矛盾及其斗争贯穿整个中国半殖民地半封建社会的始终，并对中国近代社会的发展变化起着决定性的作用。

近代中国社会的这两对主要矛盾互相交织在一起,其中帝国主义和中华民族的矛盾是最主要的矛盾。一般来说,当资本—帝国主义向中国发动侵略战争时,中国内部各阶级,除一些叛国分子外,能够暂时地团结起来举行民族战争去反对外国侵略。这时,民族矛盾特别尖锐,阶级矛盾会暂时降到次要和服从的地位。例如,鸦片战争、第二次鸦片战争、中法战争、中日甲午战争、义和团反帝运动、抗日战争都有过这种情形。而当资本—帝国主义与中国的反动统治阶级结成同盟,用战争以外的形式共同压迫中国人民,尤其是封建主义统治特别残酷的时候,中国人民往往采取国内战争的形式去反对资本—帝国主义和封建主义的同盟,而斗争的矛头主要直接地指向中国的封建政权,这时阶级矛盾就上升为主要矛盾,民族矛盾退居次要地位。

近代中国社会的发展和演变,是上述两对主要矛盾互相交织和交替作用的结果。近代以来伟大的中国革命,就是在这些主要矛盾及其激化的基础之上发生和发展起来的。因此,近代中国的两大主要任务就是争取民族独立、人民解放和实现国家富强、人民富裕,二者既互相区别又互相联系,辩证统一形成一个集合体。

三、伟大复兴令无数志士仁人前仆后继、孜孜以求

中国近代史是屈辱和苦难的历史，也是不断觉醒和抗争、实现中华民族伟大复兴的历史。从中英鸦片战争失败，签订《南京条约》开始，中国从传统的"天朝上国"逐渐沦为帝国主义世界体系的边缘和附庸，亡国灭种的生存危机不断加深。如何应对这三千年未有之大变局，抵制侵略，保国保种，成为近代中国最重要的时代课题。从根本上说，这一课题的解决之道在于寻找到能够承担时代变革重任的主体力量，并采取有效措施进行充分动员。简而言之，就是要解决"依靠谁""如何依靠"的问题。围绕这两个问题，近代的中国人民和有识之士纷纷展开了不同的尝试和探索，而真正的起点是五四运动和中国共产党的成立。

（一）近代中国的探索和抗争

从鸦片战争到中日甲午战争时期。当时中国资产阶级尚未形成，对抗鸦片战争以后外国资本主义的侵略和压迫的只能是起义的农民（主要是指以洪秀全为首的太平天国运动），以及不同程度地受到一些西方影响和资本主义影响的地主阶级的改革派（以林则徐、魏源为代表）和地主以及洋务派代表（李鸿章、奕訢等）。这个时期是中国旧有的地主阶级在分化瓦解，而新兴的资产阶级在孕育和形成的阶段，因此这个时期的探索和抗争只是序幕。

| 历 | 史 | 自 | 信 |
增强做中国人的志气、骨气和底气

太平天国运动。太平天国运动是清朝咸丰元年（1851年）到同治三年（1864年）期间，由洪秀全、杨秀清、萧朝贵、冯云山、韦昌辉、石达开等组成的领导集团从广西金田村率先发起的反对清朝封建统治和外国资本主义侵略的农民起义战争，是19世纪中叶中国农民战争的高峰。太平天国运动的一些领导人，开始向西方寻求真理，探索中国独立、富强的途径，勇敢地担负起反封建、反侵略的任务。这是农民阶级对鸦片战争以后中国社会政治状况的一种反应，是外国资本主义侵略和封建腐朽统治交相为恶、中国社会矛盾激化的结果。1864年，太平天国首都天京（南京）的陷落，标志着运动失败。其失败的主要原因在于农民阶级不是先进生产力和生产关系的代表，他们无法克服自身存在的狭隘性、保守性、自私性和散漫性等阶级局限性，这决定了他们没有也不可能提出正确的革命纲领和建立先进的社会制度；农民阶级没有也不可能自发地产生科学的世界观，更没有科学的理论作指导，无法摆脱宗教迷信和封建思想的束缚。他们对国家出路的探索与尝试，不能给灾难深重的中国指出一条正确的道路。

林则徐、魏源"师夷长技以制夷"主张的提出。鸦片战争以前，林则徐在广东主持禁烟时，便开始派人采访西事，翻译西书，购买西报，组织编译《四洲志》等著作。《四洲志》记述了世界四大洲30多个国家的地理和历史，是近代中国第一部相对完整、比较系统的世界地理志书。道光二十一年（1841年）六月，林则徐途经镇江，与老友魏源短暂相聚。林则徐预感自己没有机会继续编写《四洲志》了，就把在广州搜集、翻译、出版的一部分外国资料及《四洲志》的手稿交给了魏源，嘱托他只争朝夕，迅速编撰一部合乎中国人需求的世界概览。魏源在《四洲志》的基础上增补中外资料，编成《海国图志》一书。这部书提出了有名的"师夷长技以制夷"主张，这样林则徐、魏源就把御外与治内、民族精神与世界眼光结合起来，从而开拓了近代爱国主义潮流的新方向。虽然"师夷"的内容也只是局限在"一战舰，二火器，三养兵练兵之法"等方面，对西方资本主义的了解还很肤浅，但"师夷"的提出揭开了中国人民睁开眼睛了解世界和迈开步伐走向世界、去追求中国近代化的序幕。

洋务运动。19世纪60年代，以曾国藩、李鸿章、左宗棠等为代表的地主阶级改革派，目睹外国侵略者坚船利炮的威力，以"自强、求富"为旗号，发起了洋务运动。洋务运动以"中体西用"为宗旨，以"自强、求富"为口号，把"师夷长技"的思想变为具体的行动，曾轰动一时，成为封建官僚学习西方文明的一次大胆尝试。但中日甲午战争的失败致使洋务运动破产表明，在半殖民地半封建的中国，不实现社会制度的根本性变革，单靠引进西方先进科学技术，是不能自强求富的。

从中日甲午战争到五四运动期间。19世纪末20世纪初，随着资本主义的发展、"新学"的传播、科举制度的废除、留学运动的兴起，中国出现了一批新的知识分子。他们接受了西方的"民权"和"民主共和"等一些新的思想，从而开始具有完整意义上的近代民族主义思想、时代意识和世界观念，中国人民的探索和抗争步入了一个新的阶段。

维新运动。维新运动的根本目标是"君主立宪"，是资产阶级改革封建政体的一次勇敢尝试，力图通过改革在中国全面推行资本主义。但是，由于资产阶级维新派力量过于弱小，加上实权顽固派慈禧太后的阻挠，变法中途夭折。维新运动的失败表明，不触动封建根基，不从根本上消灭腐朽的封建专制制度，仅在原有制度的基础上进行细枝末节的修补，是不可能改变中国人民和中华民族的悲惨命运的。维新运动虽然失败了，但它作为中国近代化运动和中华民族觉醒潮流的新起点具有重要的历史地位。

辛亥革命。辛亥革命打着"欧洲思潮"的旗号，成功推翻了封建专制制度，主张在中国建立一个"民主共和国"，把中国变成一个足以和西方各国并驾齐驱的国家。1912年，资本主义性质的中华民国成立，孙中山为临时大总统。遗憾的是，由于资产阶级的软弱性和妥协性等原因，辛亥革命的成果最终被袁世凯窃取，袁世凯被选为大总统，后又自封皇帝，资产阶级共和国方案宣告流产。辛亥革命是中国人民为救亡图存、振兴中华而奋起革命的一个里程碑。它的失败表明，在半殖民地半封建的中国，由于外受帝国主义压迫，内有顽固的封建势力，软弱的民族资产阶级没有能力领导反帝反封建的民主革命取得彻底胜利,西方资本主义道路在中国走不通。

家国情怀是中国几千年来一以贯之的文化传统,深入每一个优秀中华儿女的灵魂深处。

在旧民主主义革命的历程中,农民阶级、地主阶级改革派、资产阶级维新派和革命派都倾力抗争,但都未能完成民族独立和国家富强的历史任务。究其根本,是由于"没有找到科学的理论、正确的道路和可依靠的社会力量"[①]。中国期待着新的社会力量和先进理论,以开创救国救民的新道路。

五四运动。五四运动的直接导火线是巴黎和会上中国外交的失败。在1919年上半年召开的巴黎"和平会议"上,中国政府代表提出废除外国在华势力范围、撤退外国在华驻军等七项希望和取消日本强加给中国的"二十一条"及换文的陈述书,遭到拒绝。这个由几个西方列强把持的会议,竟把德国在中国山东获得的一切特权转交给日本。会议给予中国的,只是归还八国联军侵入北京时被德国掠去的天文仪器而已。北洋政府居然准备在这样的和约上签字。消息传到国内,激起了各阶层人民的强烈愤怒。五四运动由此爆发。迫于人民群众的压力,北洋政府不得不于6月10日宣布罢免亲日派官僚曹汝霖、章宗祥、陆宗舆的职务。6月28日,

---

① 《中国共产党简史》,人民出版社、中共党史出版社2021年版,第3页。

中国政府代表没有出席巴黎和约的签字仪式，五四运动的直接斗争目标得到了实现。以五四运动为标志，中国革命发生了一系列根本变化：一是革命范畴的变化，中国革命已经成为世界无产阶级革命的一个组成部分；二是指导思想的变化，马克思主义的广泛传播使中国人民掌握了这个新的思想武器；三是领导阶级的变化，无产阶级作为新的力量登上中国政治舞台；四是斗争目标的变化，共产主义成为中国革命的前进方向。五四运动标志着中国从旧民主主义革命转变为新民主主义革命，这是近代中国革命历史上发生的最重大、最深刻的变化。

（二）对近代中国探索和抗争的理解

世界意识。古代中国只有"天下"的术语，没有出现"世界"的概念。但鸦片战争以后，中国人在纵论"古今"这种单一的纵向思维向多维的横向"中外"思维的变化过程中，逐步产生和拓宽了世界意识和世界意义。列宁曾说："中国人民的革命斗争具有世界意义，因为它将给亚洲带来解放并将破坏欧洲资产阶级的统治。"[①]

现代意识。古代中国只有"华夏""族""类"等术语，没有近代的"民族""民族主义"等概念。但鸦片战争以后，特别

[①] 《列宁全集》第21卷，人民出版社1990年版，第163页。

是到19世纪末和20世纪初，中国传统的爱国主义和渐次生长的国家主权、民族自强等近代民族主义思想相结合，发展和丰富了近代民族主义等现代意识。

时代意识。古代中国只有"时世""时局"等术语，没有现在的"时代"概念。但自近代，特别是20世纪初以来，中国人获得了关于"时代"的认识。中国报刊上出现了"帝国主义时代""民族主义时代""革命时代"等说法。很显然，时代意识不但萌生了，而且拓展到了新的境界。

独立意识。近代中国除了一些耳熟能详的阶级抗争外，还有各阶层、各行业和爱国人士、爱国华侨的各种形式的自发自觉自为抗争，如晚清以来出现过的"商战""学战""实业救国""教育救国""科学救国""卫生救国"以及"文学革命""道德革命"等抗争。因此，这种抗争应视为一种具有独立意识的中华民族整体战。

总之，要民族振兴，就要实现独立和近代化，就要走向世界并自立于世界，这种认识的不断增进就是觉醒。这种觉醒，也意味着中国人思维方式的变化，从"华夏中心"论、"中华本位"论的这种单一的"唯我"思维方式中解脱出来，开始多维地认识世界、认识中国，即全面地看待中国、世界和人类社会的发展及其辩证关系。

（三）近代中国探索和抗争的特点

被动性。 鸦片战争以前，中国的封建统治者用傲物和自我的应对之方来对待西方势力的东渐和入侵。鸦片战争曾一度引起落后震动，但紧接着便是雨后忘雷、雨后晴天。近代中国的民族觉醒每每与挨打屈辱相联系，"自改革"缺失与"被近代化"表现出相当被动的特点。

矛盾性。 近代中国长期不能扭转落后挨打的局面，除了说明帝国主义的贪婪和凶残外，还与中国长期"不善师外夷"有关。另外，近代自资本主义产生后，逐渐形成世界市场，这时国与国之间的竞争重点是经济文化的竞争，但这一时期仍没破解"以敌为师"的两难困境。

坎坷性。 深研这段历史，我们可以发现，知识分子是这场抗争和斗争的主要领导者。但是传统的中国社会组织程度很低，知识分子又游离于政治中心之外，对社会的影响力极其有限。同时，社会各个阶层之间又具有很强的封闭性。这段历史却赋予了知识分子双重使命，既要启蒙大众，唤醒国民，还要带头上战场。因此，知识分子必须同时多面作战，前进道路的坎坷崎岖，显而易见。

总之，从林则徐倡导"睁眼看世界"、张之洞主张"中体西用"，再到孙中山疾呼"亟拯斯民于水火，切扶大厦之将倾"，一次次的救国方案无不涂抹着模仿西方、改变传统的底色。历史证明，单纯复制资本主义文明等既有发展模式，并不足以拯救中国于水火,旧的已破,新的未立。但尽管如此,这场抗争促进了民族觉醒,民族觉醒又推动着全民族的深层次多元抗争,并呼唤着新的阶级力量站到历史的前台。

四、中国共产党把中华民族带上实现伟大复兴的人间正道

柳暗花明,峰回路转。灾难深重的中华民族在企盼中奋起抗争、艰难行进。民族复兴的梦想,路在何方?1921年,以马克思主义为指导的中国共产党毅然担当起历史与人民赋予的神圣使命,以中国工人阶级和中国人民、中华民族先锋队的面貌登上历史舞台,成为领导中华民族实现伟大复兴的核心力量。"一百年来,党领导人民不懈奋斗、不断进取,成功开辟了实现中华民族伟大复兴的正确道路。"[1]这条道路穿越百年风雨,越走越光明,越走越宽广,直抵中华民族伟大复兴的光辉彼岸。

(一)中国共产党的诞生

中国的先进分子走上马克思主义指引的道路,是他们经过长期的、艰苦的探索之后所作出的一种选择。马克思主义学说在19世纪40年代创立以后,在长时间里,其影响主要限于欧洲。随着

---

[1]《中共中央关于党的百年奋斗重大成就和历史经验的决议》,人民出版社2021年版,第63页。

历史自信
增强做中国人的志气、骨气和底气

西方资本主义缺陷的暴露，特别是1914年至1918年的第一次世界大战，进一步显现出资本主义制度的固有矛盾，这引起新文化运动左翼人士对西方文明价值观的怀疑和批判。1917年，十月革命开辟了人类历史的新纪元，建立了世界上第一个贫苦大众当家作主的社会主义国家。随之，在五四运动的推动下，中国的一批先进分子开始把目光从西方转向东方，从欧美转向俄国，从资产阶级民主主义转向无产阶级的社会主义，开始形成了第一代马克思主义研究者队伍，马克思主义学说开始在中国系统地传播。

经过反复的比较和鉴别，中国的先进分子从纷繁杂陈的各种观点和路径中，毅然选择了马克思列宁主义，选择了为实现共产主义而奋斗的崇高理想，这是具有伟大历史意义的事件。毛泽东指出："自从中国人学会了马克思列宁主义之后，中国人在精神上就由被动转入主动。从这时起，近代世界历史上那种看不起中国人，看不起中国文化的时代就应当完结了。"① 从历史的视角看，马克思主义传入中国后，之所以能够被普通民众认可和接受，与其人民主体性有着密切联系。因为在重视人民、以民为本这一根本价值立场上，马克思主义与中华优秀传统文化具有高度的一致性。

马克思主义是一种指导工人运动的科学理论，适应了中国工人阶级运动的需要，而工人阶级力量的兴起，也促使中国先进知识分

---

① 《毛泽东选集》第4卷，人民出版社1991年版，第1516页。

第一章　人间正道：中华民族的底气来自历史自信

子认识到了改造中国社会的力量所在，由此他们关注、研究劳工运动，自觉深入到农村去，到民间去，从而有力地促进了马克思主义与工人运动的结合，这是中国早期马克思主义思想运动的显著特点。在这种结合中，中国共产党的早期组织也建立起来了。在这个过程中，初步确立了共产主义信念的知识分子，其思想感情进一步转变到工人阶级上来；同时，一部分工人由于受到马克思主义的教育而提高了阶级觉悟。这样，就形成了一批工人阶级的先进分子，成立中国共产党的时机已经成熟，阶级条件基本具备。

1921年7月23日，中国共产党第一次全国代表大会在上海法租界望志路106号举行。其间由于会场受到暗探注意和法租界巡捕房搜查，最后一天的会议改在浙江嘉兴南湖的游船上举行。这条游船后来被称为"红船"。大会确定党的名称为中国共产党。党的纲领是以无产阶级革命军队推翻资产阶级，采用无产阶级专政以达到阶级斗争的目的——消灭阶级，废除资本私有制，以及联合第三国际等。大会在讨论实际工作计划时，决定首先集中精力组织工人。鉴于当时党"几乎完全由知识分子组成"，大会决定"要特别注意组织工人，以共产主义精神教育他们"。大会选举产生了由陈独秀、张国焘、李达组成的党的领导机构——中央局，以陈独秀为书记。党的一大正式宣告了中国共产党的成立。这是中华民族发展史上一个开天辟地的大事变。

历史发展是有规律的，而历史规律需要探寻。从世界发展大

历史自信
增强做中国人的志气、骨气和底气

势来看,从无产阶级运动格局来看,从科学社会主义的发展路径来看,从中国国情来看,从中国的阶级力量来看,中国共产党的诞生是一种必然现象,是"顺应时势而生":一方面,它成立于俄国十月革命取得胜利,第二国际社会民主主义、修正主义遭到破产之后。它所接受的,是没有被修正主义阉割的马克思主义的完整的科学世界观和社会革命论,是在帝国主义和无产阶级革命时代发展了的马克思主义即列宁主义,是在斗争中同资产阶级、小资产阶级社会主义划清了界限的科学社会主义。另一方面,它是在半殖民地半封建社会的中国的工人运动的基础上产生的。中国工人阶级深受帝国主义、本国资产阶级和封建势力的三重压迫,具有坚强的革命性。在这个阶级中,不存在欧洲那种工人贵族阶层,没有社会改良主义的基础。而且在半殖民地半封建社会的中国,工人阶级根本不可能进行和平的斗争,他们不可能对资产阶级民主制度抱有期望,只有通过暴力斗争才能实现革命的目标。

其作始也简,其将毕也必巨。"中国共产党一经成立,就把实现共产主义作为党的最高理想和最终目标,义无反顾肩负起实现中华民族伟大复兴的历史使命。"[①]中国人民由此踏上了争取民族独立、自身解放的光明道路,开启了实现国家富强、人民富裕的新篇章。

---

① 习近平:《决胜全面建成小康社会 夺取新时代中国特色社会主义伟大胜利——在中国共产党第十九次全国代表大会上的报告》,人民出版社2017年版,第13页。

（二）党的百年奋斗开辟了实现中华民族伟大复兴的正确道路

没有正确的道路,再美好的愿景、再伟大的梦想都不可能实现。共产主义理想是世界的、共同的,但不同民族走向共产主义的道路一定是特殊的、具体的。马克思、恩格斯的科学社会主义的历史前提是发达的资本主义。高度发达的社会生产力是社会主义的基础,也就是说,仅就物质财富层面而言,社会主义是在社会富裕的基础上所实现的社会的"共同富裕"。但是,马克思同时明确强调,他的结论是基于对西欧社会的研究,不能把这种具体结论变成"一般历史哲学",马克思主义活的灵魂是具体问题具体分析。换言之,中国要完成历史任务还需要开辟具有中国特色的革命、建设道路。

从实践上来看,独特的文化传统,独特的历史命运,独特的基本国情,注定了我们必然要走适合自己特点的发展道路。任何科学的理论和制度必须本土化才能真正发挥作用。事实就是,经过100多年的不断进取,中国共产党成功开辟了一条实现中华民族伟大复兴的正确道路。

——成功开创了农村包围城市的革命道路。中国革命应该走什么样的道路,党对这一问题的认识,经过了一个逐步探索的过程。在一个以农民为主体的半殖民地半封建的国度里进行革命,应该选择什么样的道路,这是中国共产党在领导中国革命的过程中必

历史自信
增强做中国人的志气、骨气和底气

须面对和回答的重大问题。

党成立初期，首先把工作重心放在城市，领导工人阶级，开展工人运动，这样有利于扩大党的阶级基础。但当时对于发动农民参加革命、建立农村革命根据地的重要性缺乏足够的认识。1927年大革命失败后，党的工作重心开始转向农村。秋收起义失败后，毛泽东率领队伍开赴井冈山，创建了井冈山革命根据地，把武装斗争的主攻方向首先指向农村。在领导农村革命根据地的斗争实践中，毛泽东相继写下了《中国的红色政权为什么能够存在？》《井冈山的斗争》《星星之火，可以燎原》等文章，提出了"工农武装割据"思想，初步形成了农村包围城市的革命道路理论。红军长征到达陕北后，毛泽东深入分析了近代中国所处的时代特点和国情，论述了中国革命的长期性和不平衡性等特点，进一步丰富了农村包围城市的整体战略思想。1938年11月，他在党的六届六中全会上明确指出："共产党的任务，基本地不是经过长期合法斗争以进入起义和战争，也不是先占城市后取乡村，而是走相反的道路。"①从而确立了经过长期武装斗争，先占乡村，后取城市，最后夺取全国胜利的革命道路。

1949年3月，中共中央在河北平山县西柏坡召开了在农村举行的最后一次中央全会，即党的七届二中全会。毛泽东在会上正

---

① 《毛泽东选集》第2卷，人民出版社1991年版，第542页。

第一章　人间正道：中华民族的底气来自历史自信

式宣布："从一九二七年到现在，我们的工作重点是在乡村，在乡村聚集力量，用乡村包围城市，然后取得城市。采取这样一种工作方式的时期现在已经结束。从现在起，开始了由城市到乡村并由城市领导乡村的时期。"① 会后不久，毛泽东和中共中央进驻北平（北京），开始了以城市为工作重点、由城市领导乡村的新时期。随着1949年10月1日中华人民共和国宣告成立，毛泽东开创的农村包围城市的革命道路取得了最后胜利。

——成功开创了中国特色社会主义道路。"走自己的路，是党的全部理论和实践立足点，更是党百年奋斗得出的历史结论。中国特色社会主义是党和人民历经千辛万苦、付出巨大代价得出的根本成就，是实现中华民族伟大复兴的正确道路。"② "中国特色社会主义"是中国共产党人接力奋斗的结果。1956年，以毛泽东同志为主要代表的中国共产党人，把马克思主义基本原理同中国革命具体实际相结合，确立了社会主义基本制度，成功实现了中国历史上最深刻、最伟大的社会变革，为当代中国一切发展进步奠定了根本政治前提和制度基础。在随后的社会主义建设探索过程中，虽然经历了曲折，但党在这一时期所取得的独创性理论成果和巨大成就，为后来开创中国特色社会主义奠定了根本政治

---

① 《毛泽东选集》第4卷，人民出版社1991年版，第1426—1427页。
② 习近平：《在庆祝中国共产党成立100周年大会上的讲话》，人民出版社2021年版，第13页。

历史自信
增强做中国人的志气、骨气和底气

前提、制度基础、宝贵经验、理论准备和物质基础。1982年,邓小平在党的十二大开幕词中提出:"走自己的路,建设有中国特色的社会主义。"此后,从党的十三大到党的十九大,"中国特色社会主义"都是大会报告的主题词。党的十九大宣告,中国特色社会主义进入新时代。在改革开放40多年的发展历程中,中国特色社会主义始终是我们党全部的理论和实践的主题。

作为一种社会制度,中国特色社会主义的独特性在于,虽然它也是由所有制来决定的,但与马克思论述的公有制的不同之处在于,它的核心是以公有制为基础、多种所有制经济共同发展。可以发展个体经济、私营经济和外资经济,是在坚守共产主义发展方向的前提条件下,通过发展民营经济盘活各种资源,解决生产力落后的问题,其他方面与《共产党宣言》的基本精神相一致。基于此,我们所理解和推进的中国特色社会主义,是共产主义在当代中国的具体运动形式,如果离开共产主义的核心思想理解中国特色社会主义,我们的改革开放就会迷失方向,我们的社会发展就会偏离社会主义的航道,走向别的道路。对此,习近平总书记旗帜鲜明地指出:"中国特色社会主义,既坚持了科学社会主义基本原则,又根据时代条件赋予其鲜明的中国特色。这就是说,中国特色社会主义是社会主义,不是别的什么主义。"① 《决议》

---

① 习近平:《关于坚持和发展中国特色社会主义的几个问题》,《思想政治工作研究》2019年第5期。

第一章　人间正道：中华民族的底气来自历史自信

指出："党领导人民成功走出中国式现代化道路，创造了人类文明新形态，拓展了发展中国家走向现代化的新途径，给世界上那些既希望加快发展又希望保持自身独立性的国家和民族提供了全新选择。"①中国特色社会主义的发展，不仅使中国人民稳步走上富裕安康的道路，而且为世界发展和人类文明进步作出了重大贡献。

在当代中国，坚持和发展中国特色社会主义，就是真正坚持社会主义。坚持中国特色社会主义道路，就是"坚持以经济建设为中心，坚持四项基本原则，坚持改革开放，坚持独立自主、自力更生，坚持道不变、志不改，既不走封闭僵化的老路，也不走改旗易帜的邪路，坚持把国家和民族发展放在自己力量的基点上，坚持把中国发展进步的命运牢牢掌握在自己手中。"②党领导全国各族人民坚定走在这条道路上，沉着应对国内国际不断出现的新形势、新情况、新问题，抓住机遇，加快发展，有效化解各种风险挑战。特别是党的十八大以来，在进行具有许多新的历史特点的伟大斗争中取得了一个又一个胜利，现在国内条件具备，国际环境有利，我们比历史上任何时期都更接近民族复兴的伟大目标，比历史上任何时期都更有信心、

---

① 《〈中共中央关于党的百年奋斗重大成就和历史经验的决议〉辅导读本》，人民出版社2021年版，第73页。
② 习近平：《高举中国特色社会主义伟大旗帜　为全面建设社会主义现代化国家而团结奋斗——在中国共产党第二十次全国代表大会上的报告》，《人民日报》2022年10月26日。

历史自信
增强做中国人的志气、骨气和底气

更有能力实现这个美好愿景。这一切都无可争辩地证明，这是一条实现社会主义现代化、创造人民美好生活的必由之路，是实现中华民族伟大复兴的必由之路。这是我们党具有历史自信的最大底气，是我们党在中国执政并长期执政的历史自信，也是我们党团结带领人民继续前进的历史自信。

凡是过往，皆为序章。习近平总书记指出："数千年来，中华民族走着一条不同于其他国家和民族的文明发展道路。我们开辟了中国特色社会主义道路不是偶然的，是我国历史传承和文化传统决定的。"[①] 中国特色社会主义道路之所以取得巨大成功，具有深层次的文化根源，是因为马克思主义与中华文明的内在契合。这种文化契合促使马克思主义从"外来"转化为"本来"，同时推动中华文明从"传统"转化为"现代"，决定了中国特色社会主义道路新型人类文明的基本特质。这是坚定历史自信的道路支撑。

---

① 《习近平在中共中央政治局第十八次集体学习时强调　牢记历史经验历史教训历史警示　为国家治理能力现代化提供有益借鉴》，《人民日报》2014年10月14日。

第二章

苦难辉煌：党的百年求索增加了历史自信

大历史观要求将党的100多年奋斗历史置于历史长河和广阔空间背景下进行分析。正如毛泽东所言："没有中华民族，就没有中国共产党。"① 习近平总书记强调："放眼中华文明五千多年历史，没有哪一种政治力量能像中国共产党这样深刻地、历史性地推动中华民族发展进程。"②《决议》将中国共产党的百年奋斗重大成就总结为五个方面，指出："从根本上改变了中国人民的前途命运""开辟了实现中华民族伟大复兴的正确道路""展现了马克思主义的强大生命力""深刻影响了世界历史进程""锻造了走在

---

① 《毛泽东文集》第3卷，人民出版社1996年版，第191页。
② 习近平：《以史为鉴、开创未来　埋头苦干、勇毅前行》，《求是》2022年第1期。

历史自信

增强做中国人的志气、骨气和底气

时代前列的中国共产党"。党的百年求索增加了中国人民的历史自信。

一、中国共产党对中华民族的伟大贡献

习近平总书记指出:"实现中华民族伟大复兴,就是中华民族近代以来最伟大的梦想。"[①]100多年来,中国共产党对中华民族的伟大贡献,就是实现了中华民族从"东亚病夫"到站起来、富起来,向强起来迈进的伟大飞跃。

从1840年鸦片战争到1949年中华人民共和国成立之前,世界上大大小小的帝国主义国家对中国侵略不止,对中国人民残酷地压榨。中国共产党成立后,团结带领人民进行了28年浴血奋战,取得新民主主义革命胜利。1949年10月1日,庆祝中华人民共和国中央人民政府成立典礼在首都北京隆重开幕,史称"开国大典"。下午3时许,毛泽东在天安门城楼上庄严宣告:"中华人民共和国中央人民政府今天成立了!"彻底结束了中国半殖民地半封建社会的历史,彻底废除了列强强加给中国的不平等条约和帝国主义在中国的一切特权。对此,邓小平说:中华人民共和国的成立使"中国取得了一个资格:人们不敢轻视我们"[②]。近代以

---

① 《承前启后 继往开来 继续朝着中华民族伟大复兴目标奋勇前进》,《人民日报》2012年11月30日。
② 《邓小平文选》第3卷,人民出版社1993年版,第289页。

来中国面临的争取民族独立和人民解放的第一项历史任务基本完成了。这就为实现第二项历史任务国家富强、人民富裕即实现中华民族伟大复兴创造了前提、开辟了道路。

1950年6月，朝鲜内战爆发。美国政府立即作出武装干涉朝鲜内战的决定，同时命令其海军第七舰队侵入台湾海峡，公然干涉中国内政。中国政府在美国把朝鲜战争的战火烧到鸭绿江边的时候，毅然作出抗美援朝的决策。彭德怀被任命为中国人民志愿军司令员兼政治委员。1950年10月，志愿军赴朝作战，美国侵略军终被打回到三八线附近。与此同时，国内开展了轰轰烈烈的抗美援朝、保家卫国运动。其后，中、朝两国人民及其军队又经过艰苦作战以及与敌谈判斗争，终于在1953年7月迫使美国代表在停战协定上签字。

抗美援朝战争是一场抗击美国侵略者的正义战争，打出了新中国的国威和人民军队的军威，创造了以弱胜强的范例，涌现出杨根思、黄继光、邱少云等30多万名英雄功臣和近6000个功臣集体。这场战争的胜利，不仅支援了朝鲜人民、保卫了中国的国家安全，而且为维护亚洲和世界的和平作出了重要贡献。这一胜利雄辩地证明：西方侵略者几百年来只要在东方一个海岸上架起几尊大炮就可霸占一个国家的时代一去不复返了。从此，全世界对新中国刮目相看，新中国的国际威望空前提高。

1956年，经过社会主义改造，社会主义基本制度建立，经过

历史自信
增强做中国人的志气、骨气和底气

大规模社会主义建设，逐步建立起了独立的比较完整的工业体系和国民经济体系；1964年10月16日，中国成功地爆炸了第一颗原子弹；1967年6月，又成功爆炸了第一颗氢弹；1970年1月，第一枚中远程导弹发射成功。同年4月，第一颗人造地球卫星发射成功；1975年，可回收人造地球卫星试验成功。这些成就表明，中国在尖端科技领域的某些方面正接近世界先进水平。对此，邓小平说："如果六十年代以来中国没有原子弹、氢弹，没有发射卫星，中国就不能叫有重要影响的大国，就没有现在这样的国际地位。这些东西反映一个民族的能力，也是一个民族、一个国家兴旺发达的标志。"①

党的十一届三中全会以后，我们党进行改革开放，相继实现从高度集中的计划经济体制到充满活力的社会主义市场经济体制、从封闭半封闭到全方位开放的历史性转变，极大地解放和发展了社会生产力，用40多年时间走完了西方发达国家几百年走过的工业化历程，中华民族大踏步赶上时代潮流。在人类200多年的现代化进程中，实现工业化的国家不超过30个，人口不超过10亿。中国共产党成功推进和拓展了中国式现代化，这是中国共产党领导的中国式现代化，必须坚持以中国式现代化推进中华民族伟大复兴，既不走封闭僵化的老路，也不走改旗易帜的邪路，坚持把

---

① 《邓小平文选》第3卷，人民出版社1993年版，第279页。

国家和民族发展放在自己力量的基点上、把中国发展进步的命运牢牢掌握在自己手中,这在中华民族发展史上、人类社会发展史上都具有极其重大而深远的意义。

在这期间,为了给国内的和平建设创造一个安定的环境,人民解放军出色地完成了东南沿海地区对敌斗争、平息西藏武装叛乱、中印边境自卫反击作战、珍宝岛自卫反击作战、西沙群岛自卫反击作战等重大作战任务,保卫了祖国的统一和安全。

在这期间,在中国共产党的领导下,1952年8月,《中华人民共和国民族区域自治实施纲要》公布施行。1954年,第一届全国人大一次会议通过的《中华人民共和国宪法》明确规定:"各少数民族聚居的地方实行区域自治。各民族自治地方都是中华人民共和国不可分离的部分。"继内蒙古自治区于1947年5月成立后,新疆维吾尔自治区于1955年10月成立,广西僮族自治区于1958年3月成立并于1965年改名为广西壮族自治区,宁夏回族自治区于1958年10月成立,西藏自治区于1965年9月成立。由56个民族组成的统一的多民族国家实现了空前的团结和统一。

在这期间,根据"一国两制"的构想,中国政府分别于1984年12月和1987年4月签署了中、英《关于香港问题的联合声明》和中、葡《关于澳门问题的联合声明》。1997年7月1日,中国和英国两国政府举行了香港政权交接仪式,宣告中国对香港恢复行使主权,中华人民共和国香港特别行政区正式成立。1999年12

月20日，澳门也回归祖国，中华人民共和国澳门特别行政区正式成立。香港、澳门的回归，标志着祖国统一大业向前迈出了重要的一步。2005年3月14日，十届全国人大三次会议高票通过《反分裂国家法》，将中国人民维护国家领土主权完整的坚强决心通过立法形式表达出来，并取得一系列反分裂斗争的重大胜利。同时，在台湾、涉藏、涉疆、涉港、涉海等问题上，坚决同国内外敌对势力作斗争，维护了中华民族的整体利益。

100多年来，中国共产党带领中国人民以"为有牺牲多壮志，敢教日月换新天"的大无畏气概，书写了中华民族几千年历史上最恢宏的史诗，这必将载入中华民族发展史册、人类文明发展史册。

二、中国共产党对中国人民的伟大贡献

习近平总书记在纪念马克思诞辰200周年大会上明确指出："马克思主义博大精深，归根到底就是一句话，为人类求解放。"[①] 追求人类解放是马克思毕生追求的事业，也是马克思主义的鲜明主题和价值旨归。人民的自由全面发展依赖于物质精神需求的满足，物质精神需求的满足依赖于政治利益的保障。《决议》指出：

---

① 习近平：《在纪念马克思诞辰200周年大会上的讲话》，人民出版社2018年版，第8页。

第二章 苦难辉煌：党的百年求索增加了历史自信

100年来，"中国人民彻底摆脱了被欺负、被压迫、被奴役的命运，成为国家、社会和自己命运的主人，人民民主不断发展，14亿多人口实现全面小康，中国人民对美好生活的向往不断变为现实"①。

经济建设方面。从社会建设上看，2021年7月1日，习近平总书记在天安门城楼上庄严宣告，我们全面建成了小康社会，历史性地解决了绝对贫困问题，标志着百年大党带领人民完成千年夙愿，这是人类进步史上的奇迹。从经济实力看，"国内生产总值从五十四万亿元增长到一百一十四万亿元，我国经济总量占世界经济的比重达百分之十八点五，提高七点二个百分点，稳居世界第二位；人均国内生产总值从三万九千八百元增加到八万一千元。谷物总产量稳居世界首位，十四亿多人的粮食安全、能源安全得到有效保障。城镇化率提高十一点六个百分点，达到百分之六十四点七。制造业规模、外汇储备稳居世界第一。建成世界最大的高速铁路网、高速公路网，机场港口、水利、能源、信息等基础设施建设取得重大成就。我们加快推进科技自立自强，全社会研发经费支出从一万亿元增加到二万八千亿元，居世界第二位，研发人员总量居世界首位。基础研究和原始创新不断加强，一些关键核心技术实现突破；战略性新兴产业发展壮大，载人航天、探月探火、深海深地探测、超级计算机、卫星导航、量子信息、核电技术、新能源技术、大飞机制造、生物

---

① 《〈中共中央关于党的百年奋斗重大成就和历史经验的决议〉辅导读本》，人民出版社2021年版，第186页。

医药等取得重大成果,进入创新型国家行列。"①这表明我国经济发展的平衡性、协调性、可持续性明显增强,迈上更高质量、更有效率、更加公平、更可持续、更为安全的发展之路。

政治建设方面。社会主义民主更加完善,依法治国得到根本落实,权力受到有效监督和制约,社会主义政治制度的优越性得到根本彰显。具体表现在:一是坚持和完善人民代表大会制度、中国共产党领导的多党合作和政治协商制度、民族区域自治制度以及基层群众自治制度,从根本上保障人民当家作主的地位。二是确保法律在国家和社会治理中的主导地位,全面落实依法治国和依宪治国,实现司法公正。中国特色社会主义法治体系不断健全,法治中国建设迈出坚实步伐,法治固根本、稳预期、利长远的保障作用进一步发挥,党运用法治方式领导和治理国家的能力显著增强。党中央就科学立法、严格执法、公正司法、全民守法作出顶层设计和重大部署,统筹推进法律规范体系、法治实施体系、法治监督体系、法治保障体系和党内法规体系建设。党领导健全保证宪法全面实施的体制机制,确立宪法宣誓制度,弘扬社会主义法治精神,提高国家机构依法履职能力,提高各级领导干部运用法治思维和法治方式解决问题、推动发展的能力,增强全社会法治意识。颁布实施《民法典》,

---

① 习近平:《高举中国特色社会主义伟大旗帜 为全面建设社会主义现代化国家而团结奋斗——在中国共产党第二十次全国代表大会上的报告》,《人民日报》2022年10月26日。

为中国人民量身定制"权利宝典",实现了几代人的夙愿。全面推进各领域立法工作,截至2022年4月,我国现行有效法律292部,为全面依法治国提供坚实法治保障。三是彻底把权力关进制度的笼子里,让权力在阳光透明的环境中运行。公职人员真正成为人民的公仆,全心全意为人民服务,人民群众对政府的满意度和公信力提高,干群关系融洽。

文化建设方面。文化复兴是中华民族伟大复兴的一个极其重要的标志,甚至有学者认为,中华民族的伟大复兴实质就是文化复兴。今天,中华民族向世界展现的是一派欣欣向荣的气象,中国人民更加自信、自立、自强,极大增强了志气、骨气、底气,在历史进程中积累的强大能量充分爆发出来,焕发出前所未有的历史主动精神、历史创造精神,为实现中华民族伟大复兴提供了深沉持久、势不可挡的磅礴力量。100多年来,中国共产党无论是在革命、建设时期,还是在改革开放时期,都高度重视文化建设。在传承和发扬中华优秀传统文化的基础上,先后形成革命文化、社会主义先进文化,用文化的力量振奋民族精神、凝聚民族力量,推动革命、建设、改革、发展并取得伟大胜利。中国特色社会主义进入新时代以来,以习近平同志为核心的党中央从坚持和发展中国特色社会主义的需要出发,从实现"两个一百年"奋斗目标和实现中华民族伟大复兴的实际出发,高度重视中国特色社会主义文化建设。党的十九大报告指出:"中国特色社会主义文化,源自于中华民族五千多年文明历史所孕育的

历史自信
增强做中国人的志气、骨气和底气

中华优秀传统文化,熔铸于党领导人民在革命、建设、改革中创造的革命文化和社会主义先进文化,植根于中国特色社会主义伟大实践。发展中国特色社会主义文化,就是以马克思主义为指导,坚守中华文化立场,立足当代中国现实,结合当今时代条件,发展面向现代化、面向世界、面向未来的,民族的科学的大众的社会主义文化,推进社会主义精神文明和物质文明协调发展。要坚持为人民服务、为社会主义服务,坚持百花齐放、百家争鸣,坚持创造性转化、创新性发展,不断铸就中华文化新辉煌。"[1]习近平总书记亲自谋划推动,接连在全国宣传思想工作会议和文艺工作、党的新闻舆论工作、网络安全和信息化工作、哲学社会科学工作座谈会以及全国高校思想政治工作会议上发表重要讲话,就意识形态领域一系列根本性问题阐明原则立场,廓清了理论是非,校正了工作导向,带领全党立破并举、激浊扬清、正本清源,打赢了意识形态领域的重大政治斗争。近年来,党大力培育时代新人,特别注重发挥榜样引领作用,为英雄模范颁授党和国家功勋荣誉,评选表彰一大批道德模范、时代楷模和最美人物,热播电影《我和我的祖国》《长津湖》和电视剧《觉醒年代》《山海情》等主旋律作品成为观众首选,全党全国各族人民文化自信明显增强,全社会凝聚力和向心力极大提升。深化文明交流互鉴,推动中华文化更好走向世界。

---

[1] 习近平:《决胜全面建成小康社会 夺取新时代中国特色社会主义伟大胜利——在中国共产党第十九次全国代表大会上的报告》,人民出版社2017年版,第41页。

社会建设方面。社会建设的核心是改善民生，其最终目标是实现共同富裕。为了保障和改善民生，我们党在收入分配、就业、教育、社会保障、医疗卫生、住房保障等方面推出一系列重大举措，人民群众的获得感、幸福感、安全感显著提升。努力建设体现效率、促进公平的收入分配体系，推动形成橄榄型分配格局。实施就业优先政策，推动实现更加充分、更高质量就业。全面贯彻党的教育方针，优先发展教育事业，推进教育强国建设，办好人民满意的教育。全面推进健康中国建设，加快体育强国建设，加强人口发展战略研究，注重家庭家教家风建设，加快发展残疾人事业。"人均预期寿命增长到七十八点二岁。居民人均可支配收入从一万六千五百元增加到三万五千一百元。城镇新增就业年均一千三百万人以上。建成世界上规模最大的教育体系、社会保障体系、医疗卫生体系，教育普及水平实现历史性跨越，基本养老保险覆盖十亿四千万人，基本医疗保险参保率稳定在百分之九十五。及时调整生育政策。改造棚户区住房四千二百多万套，改造农村危房二千四百多万户，城乡居民住房条件明显改善。互联网上网人数达十亿三千万人。人民群众获得感、幸福感、安全感更加充实、更有保障、更可持续，共同富裕取得新成效。"①高度文明的社会不仅物质丰裕，确保社会成员

---

① 习近平：《高举中国特色社会主义伟大旗帜　为全面建设社会主义现代化国家而团结奋斗——在中国共产党第二十次全国代表大会上的报告》，《人民日报》2022年10月26日。

享有丰富的物质资源，也应该充满仁爱，让公民感受到社会的温暖。面对突如其来的新冠疫情，以习近平同志为核心的党中央领导全党全国各族人民开展气壮山河的抗击疫情人民战争、总体战、阻击战，举全国之力实施规模空前的生命大救援，坚持统筹疫情防控和经济社会发展，最大限度地保护人民生命安全和身体健康，抗疫斗争取得重大战略成果。

生态文明建设方面。生态环境保护发生历史性、转折性、全局性变化。全民树立生态意识，生态环境得到根本改善，国家完成从工业文明到生态文明的跨越。特别是自新时代以来，党中央以前所未有的力度抓生态文明建设，坚定不移走绿色发展之路，绿水青山就是金山银山成为全社会共识，人与自然和谐共生的美丽中国正在从蓝图变为现实。推动划定生态保护红线、环境质量底线、资源利用上线，开展一系列根本性、开创性、长远性工作。建立健全自然资源资产产权制度、国土空间开发保护制度、生态文明建设目标评价考核制度和责任追究制度、生态补偿制度、河湖长制、林长制、环境保护"党政同责"和"一岗双责"等制度，制定修订相关法律法规。优化国土空间开发保护格局，推动形成节约资源和保护环境的空间格局、产业结构、生产方式、生活方式；打好蓝天、碧水、净土保卫战，开展农村人居环境整治；开展中央生态环境保护督察，坚决查处一批破坏生态环境的重大典型案件、解决一批人民群众反映强烈的突出环境问题。积极参与全球环境与气候治理,作出力争2030年前实现碳达峰、2060年前实现碳中和的庄严承诺,体现了负责任大国的担当。2020年,全国地级及以上城市空气质量优良天数比例为87%,地表水水质优良率达到83.4%,中国民众对生态环境质量的满意度达到89.5%。江山胜景,不仅能激发诗情,也能给人以慰藉。习近平总书记曾用"望得见山、看得见水、记得住乡愁"[①]为城镇化指明方向。

我们党100多年来团结带领全国人民走过的伟大历程、开辟的伟大道路、实现的伟大飞跃,不但树立起了中国共产党、中华人民共和国、中华民族发展进程中的重大里程碑,而且彰显了我们党接续奋斗的辉煌业绩,为实现第二个百年奋斗目标、实现中华民族伟大复兴的中国梦奠定了坚实根基。

三、中国共产党对世界的伟大贡献

人类社会发展的五种社会形态是原始社会、奴隶社会、封建社会、资本主义社会和共产主义社会。中国共产党推动世界社会主义发展进入新阶段,强化了社会主义必然代替资本主义这一历史发展总趋势,深刻影响了世界历史进程。《决议》深刻指出:"一百年来,党既为中国人民谋幸福、为中华民族谋复兴,也为人类谋

---

① 《习近平关于社会主义生态文明建设论述摘编》,中央文献出版社2017年版,第49页。

进步、为世界谋大同,以自强不息的奋斗深刻改变了世界发展的趋势和格局。"①

(一)深刻改变了世界发展的趋势和格局

人类社会发展历史表明,一种新的社会形态取代旧的社会形态,总是要经历一个长期的、曲折的历史过程。社会主义500多年,经历了从空想到科学、从理论到实践、从一国到多国、从遭遇曲折到奋起振兴的过程,深刻影响了世界大变局的演进过程,引领世界不断朝着有利于人类进步的方向发展。中国共产党借鉴俄国十月革命的有益经验,坚定选择社会主义道路,顶住巨大压力,经受住重重考验,坚定不移走中国特色社会主义道路,取得举世瞩目的发展成就。进入新时代以来,以习近平同志为核心的党中央推动党和国家事业取得历史性成就、发生历史性变革,使遭受苏东剧变严重冲击的世界社会主义焕发出旺盛生机活力,使世界范围内两种意识形态、两种社会制度的历史演进及其较量发生了有利于马克思主义、有利于社会主义的深刻转变,对世界社会主义发展具有深远历史意义,深刻改变了世界发展的趋势和格局。

---

① 《〈中共中央关于党的百年奋斗重大成就和历史经验的决议〉辅导读本》,人民出版社2021年版,第73页。

（二）成功创造了人类文明新形态

人类文明新形态，是习近平总书记在庆祝中国共产党成立100周年大会上的讲话中提出的新概念。他指出："中国特色社会主义是党和人民历经千辛万苦、付出巨大代价取得的根本成就，是实现中华民族伟大复兴的正确道路。我们坚持和发展中国特色社会主义，推动物质文明、政治文明、精神文明、社会文明、生态文明协调发展，创造了中国式现代化新道路，创造了人类文明新形态。"[1]

我们创造的人类文明新形态植根于中华优秀传统文化，是相异于西方现代文明的带有中华民族文化特征的现代化文明形态。中华文明在16世纪之前几千年的世界历史中，都处于相对领先的地位。近代以来，西方借助航海、殖民和贸易，掠夺我们的资源，使其文明形态产生新跃迁。然而，中华文明的源流血脉不可能消失在"他者"的文明形态之中。中国共产党创造的中国特色社会主义文明的新形态不仅体现在其社会主义性质上，而且体现在其建立起了高效的社会主义市场经济体制上。这是一个具有世界历史意义的伟大创举，"拓展了发展中国家走向现代化的途径，给世界上那些既希望加快发展又希望保持自身独立性的国家和民族

---

[1] 习近平：《在庆祝中国共产党成立100周年大会上的讲话》，人民出版社2021年版，第13—14页。

提供了全新选择"①。人类文明新形态既是中国共产党100多年发展的凝练，又是未来中国现代化发展的指向。它的特质主要体现在坚持党的全面领导、建设社会主义市场经济、实施全过程人民民主、扎实推进人类命运共同体建设的思想内涵上。这一人类文明新形态丰富了人类文明进步的新内涵，谱写了世界文明发展进程的新篇章。

（三）推动构建人类命运共同体

中国共产党自成立之日起，就自觉把自身发展置于人类发展的坐标系中。在革命战争年代，中国共产党人勇敢战斗在抗日战争最前线，成为全民族抗战的中流砥柱，支撑起中华民族救亡图存的希望，也为赢得世界反法西斯战争全面胜利作出了历史性贡献。新中国成立后，中国共产党人积极倡导和坚定实践和平共处五项原则，坚决反对殖民主义、霸权主义和强权政治。1956年，毛泽东提出："中国应当对于人类有较大的贡献。"② 1985年，邓小平强调："我们就可以对人类有较大的贡献。"③ 党的十九大报告指出，中国共产党是为中国人民谋幸福的政党，也是为人类进步事业而奋斗的政党。中国共产党不仅要担负起实现中华民族

---

① 《〈中共中央关于党的百年奋斗重大成就和历史经验的决议〉辅导读本》，人民出版社2021年版，第73页。
② 《毛泽东文集》第7卷，人民出版社1999年版，第157页。
③ 《邓小平文选》第3卷，人民出版社1993年版，第143页。

伟大复兴的历史使命,还要"把为人类作出新的更大的贡献作为自己的使命"①。党的二十大报告指出:"我们所处的是一个充满挑战的时代,也是一个充满希望的时代。中国人民愿同世界人民携手开创人类更加美好的未来!"②

党的十八大以来,以习近平同志为核心的党中央始终把为人类作出新的更大的贡献作为自己的使命,主要表现在:其一,中国是维护世界和平的重要力量。和平发展是国际主义精神与和而不同文明理念的契合。自1990年首次参加联合国维和行动以来,中国军队和警察先后参加近30项联合国维和行动,至2021年5月29日的联合国国际维和人员日,派出维和人员5万余人次,成为联合国维和行动的主要出兵国和出资国。其二,中国是国际秩序的积极参与者和坚定维护者。中国率先签署全球合作应对气候变化的《巴黎协定》,倡议二十国集团发表首份气候变化问题主席声明,认真落实气候变化领域南南合作政策承诺,设立200亿元人民币的中国气候变化南南合作基金,支持发展中国家应对气候变化挑战,同世界各国携手共建生态良好的地球美好家园。其三,中国支持钻研发展先进技术,是人类文明发展的重要贡献者、传承者、推动者和发扬者。其四,中国积极参与国际分工,

---

① 《习近平谈治国理政》第3卷,外文出版社2020年版,第45页。
② 习近平:《高举中国特色社会主义伟大旗帜 为全面建设社会主义现代化国家而团结奋斗——在中国共产党第二十次全国代表大会上的报告》,《人民日报》2022年10月26日。

历 史 自 信
增强做中国人的志气、骨气和底气

参与全球治理,在减贫、反腐、维和、反恐、气候变化、环境治理、有效应对疫情和自然灾害等方面为世界贡献了中国智慧。"一带一路"建设为沿线各国人民带来福祉。基于以上的积淀,面对世界百年未有之大变局,习近平总书记认清世界大势,拨云见日,提出了构建人类命运共同体理念,深刻地回答了"人类社会向何处去"的时代之问,为解决人类当前面临的重大问题提供了镜鉴。实践证明,中国共产党是为人类进步事业而奋斗的政党,也必将不断为人类进步作出新的更大的贡献。

四、经受各种风险考验,铸造了中国共产党独特的优势

《决议》指出:"一百年来,党坚持性质宗旨,坚持理想信念,坚守初心使命,勇于自我革命,在生死斗争和艰苦奋斗中经受住各种风险考验、付出巨大牺牲,锤炼出鲜明政治品格,形成了以伟大建党精神为源头的精神谱系,保持了党的先进性和纯洁性,党的执政能力和领导水平不断提高,正领导中国人民在中国特色社会主义道路上不可逆转地走向中华民族伟大复兴,无愧为伟大光荣正确的党。"[①]这一论述指明中国共产党在百年奋斗中之所以能经受住各种生死风险考验、走在时代前列,最根本的是能始终

---

① 《〈中共中央关于党的百年奋斗重大成就和历史经验的决议〉辅导读本》,人民出版社2021年版,第73页。

坚守性质宗旨、理想信念、初心使命、自我革命的独特优势。

（一）政党性质："两个先锋队"

党性就是政党的性质，或政党固有的阶级本性。"共产党"这一名称最先是由马克思和恩格斯提出的。目的是经过无产阶级革命推翻资产阶级的统治，建立无产阶级专政，尽快增加生产力总量，最终实现共产主义。《中国共产党章程》规定："中国共产党是中国工人阶级的先锋队，同时是中国人民和中华民族的先锋队，是中国特色社会主义事业的领导核心，代表中国先进生产力的发展要求，代表中国先进文化的前进方向，代表中国最广大人民的根本利益。党的最高理想和最终目标是实现共产主义。"[①]中国工人阶级最先进的品性、中国人民最优秀的品质、中华民族最伟大的品格，就是中国共产党"两个先锋队"的党性。这一方面，强调了党的工人阶级性质，强调了工人阶级政党的先进性；另一方面，强调了中国共产党不仅是中国工人阶级的先锋队，同时也是中国人民和中华民族的先锋队，具有广泛的代表性。这既符合时代发展对党的发展的要求，也符合国内社会阶层结构变化的现实。

"两个先锋队"是不可分割的统一整体。一方面，始终成为中国工人阶级的先锋队是党真正成为中国人民和中华民族先锋队

---

① 《中国共产党章程（中国共产党第二十次全国代表大会部分修改，2022年10月22日通过）》，《人民日报》2022年10月27日。

的政治前提。党只有成为工人阶级的先锋队,自觉做到以马克思主义为根本指导思想,以实现共产主义为最终奋斗目标,才能真正拥有当好中国人民和中华民族先锋队所必需的政治远见和博大胸襟。另一方面,自觉成为中国人民和中华民族的先锋队是党真正成为中国工人阶级先锋队的必然要求。党只有始终代表中国人民和中华民族的根本利益,才能使工人阶级先锋队性质得以充分体现,把全国各族人民紧密地团结在党的周围,完成党的执政使命。

中国共产党代表"两个先锋队"执政的实质在于把人民赋予的权力用来为人民服务,其执政使命归结到一点,就是要把中国最广大人民的根本利益以及集中体现这种根本利益的国家利益实现好、维护好、发展好。党的先锋队性质在100多年历史进程中一以贯之地得到了坚持和落实,并在党的革命、建设、改革开放和新时代伟大实践中得到检验和锻造,思想内涵得到了丰富和升华,并创造了历史性发展成就。

从实质上看,"两个先锋队"代表一个命运统一体,即中华民族命运共同体,其执政使命自然要以人民为中心。

(二)旗帜方向:共产主义理想信念

代表和实现人民的根本利益,离不开科学理论的指引。中国共产党人的理想信念,就是马克思主义科学信仰、共产主义远大理想和中国特色社会主义共同理想,这是中国共产党人的精神支柱和政治灵魂，也是保持党和各族人民团结统一的思想基础。习近平总书记指出："马克思主义政党的先进性，首先体现为思想理论上的先进性。注重思想建党、理论强党，是我们党的鲜明特色和光荣传统。"①

中国共产党人坚持把马克思主义基本原理同中国具体实际相结合、同中华优秀传统文化相结合，不断用马克思主义中国化时代化理论成果去观察社会、把握时代，引领党和国家各项事业发展。正是在马克思主义不断中国化时代化的进程中，我们党确立了毛泽东思想、邓小平理论、"三个代表"重要思想、科学发展观、习近平新时代中国特色社会主义思想为党的指导思想，形成了革命、建设、改革开放和新时代的正确道路及其方针政策，创造了辉煌的历史性成就。马克思主义具有鲜明的科学性和真理性、人民性和实践性、开放性和时代性，并在中国百年伟大实践中得到了充分检验、充分贯彻和充分彰显。"实践告诉我们，中国共产党为什么能，中国特色社会主义为什么好，归根到底是马克思主义行，是中国化时代化的马克思主义行。"②

拥有马克思主义科学理论指导是我们党坚定信仰信念、把握历史主动的根本所在。

---

① 习近平：《论党的宣传思想工作》，中央文献出版社2020年版，第413页。
② 习近平：《高举中国特色社会主义伟大旗帜 为全面建设社会主义现代化国家而团结奋斗——在中国共产党第二十次全国代表大会上的报告》，《人民日报》2022年10月26日。

历史自信
增强做中国人的志气、骨气和底气

（三）初心使命：为中国人民谋幸福、为中华民族谋复兴、为世界谋大同

中国共产党人的初心使命，就是为中国人民谋幸福、为中华民族谋复兴、为世界谋大同。一个政党的初心使命，集中反映该政党的政治性质，是政党建党立党的政治归依和出发点，体现政党为了谁的政治利益而存在的政治性质，也体现政党要把社会发展引向何方的政治前途。党的初心使命就是党对历史发展规律、发展趋势和人民根本利益诉求的正确认识，也是党对自己历史使命和责任的自觉把握。

我们党"为中国人民谋幸福、为中华民族谋复兴、为世界谋大同"的初心使命，集中揭示了中国近代以来的历史主题，反映了中国人民的根本意志。这个初心使命深刻洞悉和把握了中国近代以来社会的基本性质和根本矛盾，反映了各族人民的共同心愿和利益，也成为激励中国共产党人引领时代发展的根本动力。同时，中国共产党也是一个胸怀天下的马克思主义政党，"党始终以世界眼光关注人类前途命运，从人类发展大潮流、世界变化大格局、中国发展大历史正确认识和处理同外部世界的关系。"[①] 中国共产党人自觉地认识到，中国人民事业是人类进步事业的重要组成部分，同时，各国人民的发展进步是一个相互推动的整体过程，主

---

① 《中共中央关于党的百年奋斗重大成就和历史经验的决议》，人民出版社2021年版，第68页。

动倡导和积极推动构建人类命运共同体，为建设持久和平、普遍安全、共同繁荣、开放包容、清洁美丽的世界，努力贡献中国智慧、中国方案、中国力量。因此，中国共产党"既为中国人民谋幸福、为中华民族谋复兴，也为人类谋进步、为世界谋大同，以自强不息的奋斗深刻改变了世界发展的趋势和格局"[1]。

100多年来，中国共产党人矢志不渝地锻造初心使命优势，越来越成为推动和引领人类文明进步潮流的重要力量。

（四）精神品格：自我革命

勇于自我革命是中国共产党区别于其他政党的一个显著标志，也是党走在时代前列的根本原因。党的100多年奋斗史证明，自我革命始终是解决党内突出问题、加强党的自身建设、提高党的凝聚力和战斗力的根本武器，是党永葆青春活力的强大内生动力。习近平总书记指出："勇于自我革命，是我们党最鲜明的品格，也是我们党最大的优势。"[2]

党的自我革命内容丰富。党的政治建设、思想建设、组织建设、作风建设、纪律建设和制度建设，党的实事求是、解放思想、守正创新、学习整风、专题教育、总结经验、纠正错误、理论与

---

[1] 《中共中央关于党的百年奋斗重大成就和历史经验的决议》，人民出版社2021年版，第64页。

[2] 习近平：《在党史学习教育动员大会上的讲话》，人民出版社2021年版，第9页。

实践创新活动、批评和自我批评、清除变节分子和腐败分子等，都是我们党自我革命的重要内容，这也深刻地揭示出中国共产党是在自我革命中实现了自我超越和自我发展。

自我革命是党对自身强大生命力和战斗力的高度自信。习近平总书记指出："我们党之所以有自我革命的勇气，是因为我们党除了国家、民族、人民的利益，没有任何自己的特殊利益。"① 大浪淘沙，滚滚历史洪流中总会荡涤一切尘埃。在党的历史上曾出现过思想觉悟的落伍者、理想信念的动摇者、革命意志的薄弱者，甚至还有革命变节分子、腐败分子和各类违法违纪分子，也出现过"左"倾教条主义、右倾机会主义等各类错误现象，但党依靠强大的自我革命精神，不断清除和战胜党内的异己分子和腐败分子，确保了党始终成为坚强的领导核心。

党历经百年沧桑而充满活力，其奥秘就在于我们党能始终不断推进自我革命，这也是我们党永远走在时代前列的有力武器。

（五）意志力量：伟大建党精神

中国共产党是一个具有顽强意志力的政党。党从诞生那天起，就孕育出了伟大建党精神。习近平总书记在庆祝中国共产党成立100周年大会上的讲话中，科学概括了伟大建党精神并阐述了其

---

① 习近平：《论坚持全面深化改革》，中央文献出版社2018年版，第326页。

丰富内涵:"一百年前,中国共产党的先驱们创建了中国共产党,形成了坚持真理、坚守理想,践行初心、担当使命,不怕牺牲、英勇斗争,对党忠诚、不负人民的伟大建党精神,这是中国共产党的精神之源。"① 伟大建党精神是党的政治品格的集中体现,是党成长、发展和夺取一切胜利的意志力量。

党的伟大精神淬炼党的伟大模范人物,党的伟大模范人物丰富党的伟大精神。"在一百年的非凡奋斗历程中,一代又一代中国共产党人顽强拼搏、不懈奋斗,涌现了一大批视死如归的革命烈士、一大批顽强奋斗的英雄人物、一大批忘我奉献的先进模范,形成了井冈山精神、长征精神、遵义会议精神、延安精神、西柏坡精神、红岩精神、抗美援朝精神、'两弹一星'精神、特区精神、抗洪精神、抗震救灾精神、抗疫精神等伟大精神,构筑起了中国共产党人的精神谱系。我们党之所以历经百年而风华正茂、饱经磨难而生生不息,就是凭着那么一股革命加拼命的强大精神。"② 100多年来,中国共产党领导人民不怕牺牲,拼搏奋斗,"在中国大地不仅建筑起遍地林立的高楼大厦,而且铸造了巍然耸立的中华民族精神大厦"③。

---

① 习近平:《在庆祝中国共产党成立100周年大会上的讲话》,人民出版社2021年版,第8页。
② 习近平:《在党史学习教育动员大会上的讲话》,《求是》2021年第7期。
③ 中共中央宣传部:《中国共产党的历史使命与行动价值》,《人民日报》2021年8月27日。

历史自信
增强做中国人的志气、骨气和底气

中国共产党之所以能在困境逆境中成长、挫折失败中奋起，取得彪炳史册的辉煌成就，其中一个根本原因，就在于我们党是一个具有伟大建党精神的强大政党。

（六）根本保证：党的领导能力和执政能力

历史和人民选择了中国共产党的领导，而中国共产党也以其非凡勇气和智慧出色地承担起领导重任。中国革命、建设、改革开放和新时代党的事业历经风雨曲折而阔步向前，最重要的原因是有中国共产党的坚强领导。

中国共产党的坚强有力领导，极大地加快了中华民族伟大复兴的历史进程。正如《决议》所指出的："中国人民和中华民族之所以能够扭转近代以后的历史命运、取得今天的伟大成就，最根本的是有中国共产党的坚强领导。历史和现实都证明，没有中国共产党，就没有新中国，就没有中华民族伟大复兴。"[①]《决议》中科学总结的坚持党的领导、坚持人民至上、坚持理论创新、坚持独立自主、坚持中国道路、坚持胸怀天下、坚持开拓创新、坚持敢于斗争、坚持统一战线和坚持自我革命这十条历史经验，实际上也是我们党最为宝贵的领导和执政经验，锻造了走在时代前列的中国共产党。走在时代前列是一个永无止境的历史过程，接

[①] 《中共中央关于党的百年奋斗重大成就和历史经验的决议》，人民出版社2021年版，第65页。

续走好新的赶考之路也是永无止境的。历史证明，我们唯有不断走在时代前列，才能保持党的先进性，才能引领时代发展，也才能不断向人民交出满意的考卷。

历史有其客观发展规律，历史是由人民创造的，但先进的政党和杰出的领袖能超前把握历史规律和人民意志，对推动历史发展和时代进步起着能动的引领作用。历史自信是政党自信、国家自信、人民自信、民族自信的交织，是现实自信、未来自信的统一，也是历史忧虑、历史反思和世界潮流的结合。中国共产党对中华民族的伟大贡献、对人民的伟大贡献、对世界的伟大贡献，体现了中国共产党和中国人民、中华民族的关系，体现了中国共产党和马克思主义、世界社会主义、人类社会发展的关系，贯穿了中国共产党100多年奋斗的理论逻辑、实践逻辑和历史逻辑。这是坚定历史自信的深厚基础。

第三章

历史交汇：站在实现第二个百年奋斗目标新征程上

历史从未远去，始终照进未来。《决议》指出："现在，党团结带领中国人民又踏上了实现第二个百年奋斗目标新的赶考之路。"① 要走好新的赶考之路，习近平总书记立足"社会主义初级阶段"的总依据，针对当前中国发展的历史方位明确提出了"我们前所未有地靠近世界舞台中心，前所未有地接近实现中华民族伟大复兴的目标，前所未有地具有实现这个目标的能力和信心"的"三个前所未有"科学论断和面对"两个大局"战略判断，在空间与时间、世界与中国的坐标系上标示出当代中国在世界发展大势与民族复兴进程中的历史方位，科学回答了我们处于什么环

---

① 《〈中共中央关于党的百年奋斗重大成就和历史经验的决议〉辅导读本》，人民出版社2021年版，第9页。

境、站在什么方位、面临什么挑战等一系列基本问题。

一、前所未有地靠近世界舞台的中心

中国与世界的关系正经历着历史性的深刻变化。1840年以来，西方列强用坚船利炮将中国拖入近代世界的不平等秩序之中，曾经有着5000多年文明史的中国渐渐沦为半殖民地半封建社会。面对列强的侵略，只能孤立无助地任其宰割。今天，在中国共产党的领导下，我国正处于由大向强跃升的关键阶段，前所未有地靠近世界舞台中心。在全球坐标系上，中国不但已经成为世界体系不可或缺的一部分，更在国际舞台上扮演着至关重要的角色。

推动世界经济格局发生显著变化。雅尔塔体系终结后，西方主导下的经济全球化导致的国际分工，成为西方国家主导世界秩序的物质基础。然而，自2008年国际金融危机以来，从全球范围看，传统发达国家和新兴经济体、广大发展中国家之间的差距不断缩小，2017年"新兴市场国家和发展中国家对全球经济增长的贡献率已经达到80%"[①]。中国自2006年以来，对世界经济增长贡献率稳居世界第一位，成为世界经济增长第一引擎、第一稳定器。目前，中国在科技革命中的角色由跟跑者、参与者向并跑者、变

---

① 《习近平谈治国理政》第2卷，外文出版社2017年版，第479页。

历史自信
增强做中国人的志气、骨气和底气

革者转变,在国际分工中也从外围向国际分工引领者的方向发展。2021年,中国GDP达到114万亿元,折合17.73万亿美元,位列世界第二。2021年,美国GDP是23.02万亿美元,中国GDP已达到美国的77%,这是二战以来全世界所有国家中唯一一个GDP与美国如此接近的国家,当年的世界第二日本从未达到过美国的65%。中国的GDP已基本与美国形成第一集团,是第三到第七名日本、德国、英国、印度和法国五个国家GDP的总和。这不仅有力重塑了全球经济版图,还深刻改变了人类社会生产生活方式和思维方式,推动世界经济格局进一步发生显著变化。

推动世界政治重心"东升西降"。100多年前,以美国为首的西方国家一直处于全球政治中心的地位,掌握全球政治生活的主导权,左右全球政治的发展方向和路径。在国际制度方面,几乎所有重要的国际政治经济制度都是西方发达国家间权力和利益均衡的产物。100多年后,一大批发展中国家群体性崛起,成为影响国际政治格局的重要力量,新自由主义制度范式遭受挫折。更为显著的是,社会主义在同资本主义竞争中的被动局面得到扭转,中国日益发挥着世界和平建设者、全球发展贡献者、国际秩序维护者的重要作用,中国特色社会主义成为振兴世界社会主义的中流砥柱。特别要看到,2020年以来新冠疫情全球大流行,社会主义制度优越性得到更大程度的彰显,使国际政治格局"东升西降"的趋势更加显著,推动大变局不断向纵深发展。

推动全球文化多样化发展。100多年来,西方特别是美国的文化及其价值观渗透到世界各国,成为很多国家的"精神食粮"和价值追求。100多年后的今天,全球文明多样化发展成为不可逆转的国际趋势。中华文明历来主张天下大同、协和万邦,在世界上的影响力与日俱增,成为文明多样化发展中不容忽视的重要力量。改革开放特别是新时代以来,中国所创造的政治清明、经济发展、社会稳定等奇迹,不仅给那些既希望加快发展又希望保持自身独立性的国家和民族提供了全新选择,还使世界范围内两种意识形态、两种社会制度的历史演进及其较量,发生了有利于马克思主义、社会主义的深刻转变。两相对比,曾一度被奉为范式的传统西方文化受到了质疑,中国特色社会主义文化成为振兴世界社会主义的顶梁柱。

推动全球治理体系变动调整。现行国际秩序和国际规则是在二战以后逐步形成的,总体上维持了世界和平与发展,但存在着诸多不公正、不合理的地方,而且正在出现"碎片化"的趋势。除了主权国家以外,国际组织、非政府组织、意见领袖、媒体、研究机构等非国家行为体正在分散国家的权力,这些迫切需要改变或调整。100多年来,特别是党的十八大以来,在中国的努力下,全球治理越来越向着公平合理的方向发展,多边全球治理格局初现端倪。有学者提出,中国主导的亚洲基础设施投资银行的成功实践体现的就是一个国家行为体与世界体系共同进化的结果。它

历 史 自 信
增强做中国人的志气、骨气和底气

成功的核心经验是,中国以人类命运共同体的前进方向为着眼点,通过灵活务实的策略和战术调整,保证实现了通过规则和制度建设影响和塑造世界体系,与此同时谋求实现发展中国家和新兴大国在国际治理体系中的正当位置的战略目标。

近现代以来,中国从世界边缘走向中心,国际角色经历了历史性的深刻变革:在一穷二白的基础上崛起,对地区和国际事务的影响力日益增大;从与国际体系联系并不紧密,发展为密切关注并积极参与国际事务;从过去相对不为世界所重视,发展为前所未有地被国际社会高度重视和尊重。中国实力地位的历史性变化,见证着我们前所未有地靠近世界舞台中心。

二、前所未有地接近实现中华民族伟大复兴的目标

伟大民族憧憬伟大梦想,伟大梦想成就伟大民族。今日中国,中华民族奋力开拓,正前所未有地接近实现中华民族伟大复兴的目标。

(一)中国梦:中华民族伟大复兴的形象表达

2012年11月29日,习近平总书记在参观《复兴之路》展览时发表重要讲话,首次提出实现中华民族伟大复兴的中国梦,并引用"雄关漫道真如铁""人间正道是沧桑""长风破浪会有时"

第三章　历史交汇：站在实现第二个百年奋斗目标新征程上

三句诗诠释了近代以来中国人民寻梦、追梦、圆梦的历史进程。此后，习近平总书记多次对中国梦进行阐释："中国梦的本质是国家富强、民族振兴、人民幸福。"①

中国梦的最大特点，就是把国家、民族和个人作为一个命运共同体，把国家利益、民族利益和每个人的具体利益紧紧联系在一起，把国家的追求、民族的向往、人民的期盼融为一体，体现了中华民族和中国人民的整体利益，表达了每一个中华儿女的共同愿景。中国梦具有广泛的包容性，成为激荡在14亿多中国人民心中的高昂旋律，是中华民族团结奋斗的最大公约数。

人民是中国梦的主体，是中国梦的创造者和享有者。实现中华民族伟大复兴，不是哪一个人、哪一部分人的梦想，而是全体中国人民共同的追求；中国梦的实现，不是成就哪一个人、哪一部分人，而是造福全体人民。

中国梦与世界各国人民的美好梦想相通。习近平总书记多次宣示：中国梦是和平、发展、合作、共赢的梦，与世界各国人民的美好梦想息息相通，中国人民愿意同各国人民在实现各自梦想的过程中相互支持、相互帮助。

中国梦的内在逻辑：中国这样一个文明型国家的历史逻辑与世界走向全球化的时代逻辑相辅相成并改变世界历史进程。它体

---

① 《习近平谈治国理政》第1卷，外文出版社2018年版，第56页。

现为在资本主义全球化扩张下，一个殖民地半殖民地大国以共产党领导的武装革命为形式的新式民族独立运动和获得独立后以共产党领导的社会主义国家和平发展为形式的新型民族自强运动的贯通联动。这是人类唯一一个数千年传承不坠的古老文明重新回到世界文明中心甚至引领世界文明发展的伟大进程。

（二）开启全面建成社会主义现代化强国新征程

从现在到本世纪中叶是我们完成建设社会主义现代化国家这个历史宏愿的新发展阶段。习近平总书记指出："全面建设社会主义现代化国家、基本实现社会主义现代化，既是社会主义初级阶段我国发展的要求，也是我国社会主义从初级阶段向更高阶段迈进的要求。"①

全面建设社会主义现代化国家的进程分两个阶段来安排。第一个阶段从 2020 年到 2035 年，在全面建成小康社会的基础上，再奋斗 15 年，基本实现社会主义现代化。第二个阶段从 2035 年到本世纪中叶，在基本实现现代化的基础上，再奋斗 15 年，把我国建成富强民主文明和谐美丽的社会主义现代化强国。

全面建成社会主义现代化强国，是中国共产党对新时代中国特色社会主义发展作出的战略安排。这一战略安排，既是中国共

---

① 习近平：《把握新发展阶段，贯彻新发展理念，构建新发展格局》，《求是》2021 年第 9 期。

产党推进民族复兴的重大决策,也是适应我国发展实际作出的必然选择,对动员全党全国各族人民万众一心实现中华民族伟大复兴中国梦具有重大意义。

(三)立足新发展阶段

梦想体现的是一种理想,反映的是一种追求。全面建成小康社会、实现第一个百年奋斗目标之后,我们乘势而上向第二个百年奋斗目标进军,这标志着我国进入了一个新发展阶段。新发展阶段是社会主义初级阶段中的一个阶段,同时是其中经过几十年积累、站到了新的起点上的一个阶段。"全党要牢牢把握社会主义初级阶段这个最大国情,牢牢立足社会主义初级阶段这个最大实际,更准确地把握我国社会主义初级阶段不断变化的特点,坚持党的基本路线,在继续推动经济发展的同时,更好解决我国社会出现的各种问题,更好实现各项事业全面发展,更好发展中国特色社会主义事业,更好推动人的全面发展、社会全面进步。"①

从理论依据来看,马克思主义是远大理想和现实目标相结合、历史必然性和发展阶段性相统一的统一论者,坚信人类社会必然走向共产主义,但实现这一崇高目标必然要经历若干历史阶段,从过渡时期到共产主义初级阶段、共产主义高级阶段。我们党在

---

① 《习近平谈治国理政》第2卷,外文出版社2017年版,第61—62页。

历史自信
增强做中国人的志气、骨气和底气

运用马克思主义基本原理解决中国实际问题的实践中也逐步认识到，发展社会主义不仅是一个长期历史过程，而且是需要划分为不同历史阶段的过程。社会主义本身是共产主义的初级阶段，中国又处在社会主义的初级阶段。

从历史依据来看，新发展阶段是我们党带领人民迎来从站起来、富起来到强起来历史性跨越的新阶段。我们党成立后，成立了中华人民共和国，实现了从新民主主义革命到社会主义革命的历史性跨越。新中国成立后，确立社会主义基本制度，大规模开展社会主义经济文化建设，实现了从社会主义革命到社会主义建设的历史性跨越。进入历史新时期，成功开辟了中国特色社会主义道路，使中国大踏步赶上时代，实现了社会主义现代化进程中新的历史性跨越。新发展阶段正在此前发展的基础上，续写全面建成社会主义现代化强国新的历史。

从现实依据来看，我们已经拥有开启新征程、实现新的更高目标的雄厚基础。仅以经济实力为例，对照中国梦的三个本质指标，从国家富强来看，2021年中国GDP达到114万亿元，折合17.73万亿美元，位列世界第二。从人民幸福来看，2021年我国全面建成了小康社会，全年全国居民人均可支配收入5446美元，人均GDP为12551美元。按照国家统计局的说法，初步测算，2021年世界人均GDP是12100美元左右，这意味着我国人均GDP已经超过世界平均水平。根据世界银行最新标准，高收入国家"门槛"

提高到了人均国民总收入超过 12695 美元,考虑到人均 GDP 和人均国民总收入基本对应,我国人均 GDP 正接近高收入国家水平的下限;我国拥有世界上规模最大的中等收入群体,人数超过 4 亿;我国还建成了世界上规模最大的社会保障体系。可以说,中国人民对美好生活的向往不断变为现实。从中华民族的面貌来看,我们的国家、我们的民族历经挫折而奋起、历经苦难而辉煌,发生了前所未有的历史巨变,迎来了从站起来、富起来到强起来的伟大飞跃。正如习近平总书记在 2021 年"七一"讲话中说的:"一百年前,中华民族呈现在世界面前的是一派衰败凋零的景象。今天,中华民族向世界展现的是一派欣欣向荣的气象,正以不可阻挡的步伐迈向伟大复兴。"① 我国正在前所未有地接近实现中华民族伟大复兴的目标。

三、前所未有地具有实现中华民族伟大复兴的信心和能力

中国的历史就是一部不断唤起自信、凝聚自信、坚定自信、升华自信的发展史。在农业时代创造灿烂文明,1840 年以后一步步走向衰落,从灾难深重中挣扎着站起来的中华民族,在中国共产党的领导下,100 多年来,在中华大地上又竖起巍巍丰碑。对此,

---

① 习近平:《在庆祝中国共产党成立 100 周年大会上的讲话》,人民出版社 2021 年版,第 21—22 页。

历史自信
增强做中国人的志气、骨气和底气

《决议》指出:"今天,我们比历史上任何时期都更接近、更有信心和能力实现中华民族伟大复兴的目标。"①

坚强的领导核心。中国共产党的领导就是我们的最大政治优势,"六合同风,九州共贯。"经过100多年的持续发展,我们党已经由成立时只有50多名党员,截至目前成为拥有9800多万名党员、领导着14亿多人口大国、具有重大全球影响力的世界第一大执政党。党的十八大以来,以习近平同志为核心的党中央以坚定决心、顽强意志推进全面从严治党,党在革命性锻造中更加坚强,党的政治领导力、思想引领力、群众组织力、社会号召力显著增强。党确立习近平同志党中央的核心、全党的核心地位,反映了全党全军全国各族人民的共同心愿,对新时代党和国家事业发展,对推进中华民族伟大复兴历史进程具有决定性意义。

建立健全了制度体系。100多年来,中国共产党在领导社会革命和开展自我革命的过程中十分重视党和国家的制度建设。我们党在领导建设、改革的进程中,为确保建设、改革取得成功,不断推进社会主义在中国的发展,建立健全了一系列社会主义特别是中国特色社会主义的政治制度、经济制度、文化制度、社会制度、生态文明制度等重大制度。建立健全了中国特色国家元首制度、选举制度、行政制度、监察制度、司法制度、军事制度、特别行政区制度

---

① 《〈中共中央关于党的百年奋斗重大成就和历史经验的决议〉辅导读本》,人民出版社2021年版,第80页。

第三章　历史交汇：站在实现第二个百年奋斗目标新征程上

等重要制度。建立健全了一系列党的领导制度、党的建设制度、党的监督制度、党的工作制度等加强党的领导、加强党的建设、加强党的治理、增强党的先进性的重要制度。进入新时代，以习近平同志为核心的党中央从复杂的国内和国际形势出发，从新时代中国共产党肩负的伟大历史使命出发，与时俱进地不断推进中国特色社会主义和党的领导、建设等制度的改革创新和完善健全，有力地保障了中国特色社会主义的坚持和发展。

人民的强大支持。人民群众是历史的创造者，是人民政权的主人，是中国共产党生存、发展、领导的基础。中国共产党高度重视人民群众的主体地位，100多年来，中国共产党始终坚持全心全意为人民服务的宗旨，始终坚持人民立场，始终把为中国人民谋幸福、为中华民族谋复兴作为自己的初心和使命，以人民为中心的发展思想牢固确立，中国各族人民政治地位极大提高，在世界上能够昂首挺胸、扬眉吐气，令世人刮目相看。中国人民亲身感受和体验到这些实实在在的巨大变化，对社会主义更加信服，对中国共产党的领导更加信任，对中国特色社会主义更有信心。

历史主动精神。历史主动精神彰显着中国共产党清醒的历史自觉、强烈的责任担当、伟大的历史创造、坚定的历史自信。历史主动精神来源于千锤百炼的奋斗实践，显现于深度总结的历史智慧。《决议》通过系统总结党的百年奋斗历程及其历史经验，阐释了党为中国人民、中华民族、马克思主义、人类进步事业作出的卓越贡献，是我们党掌握历史主动的鲜活体现。今天,中华民族向世界展现的是一派欣欣向荣的气象,中国人民更加自信、自立、自强,在历史进程中积累的强大能量充分爆发出来,焕发出前所未有的历史主动精神,为实现中华民族伟大复兴提供了深沉持久、势不可挡的磅礴动力。

四、前所未有地面临"两个大局"相互交织的局面

2017年12月,习近平总书记在接见回国参加驻外使节工作会议的使节时发表重要讲话指出:"放眼世界,我们面对的是百年未有之大变局。"①以后,在国内国际多个重要场合讲话时,他都反复提及"百年未有之大变局",引起党内外、国内外广泛关注。今天,我们站在"大变局"正在酝酿和涌动的历史时刻,需要意识到新的"百年之变"既是"危"与"机"同生共存的艰难时刻,又是国际格局、体系的大变革、大调整不断出现深化的关键时期,面向未来,我们又一次站在了历史的关口。

(一)中华民族伟大复兴:世界百年未有之大变局的内在动因和关键变量

当今世界百年未有之大变局是如何发生的?这是一个认识大

---

① 《习近平接见二〇一七年度驻外使节工作会议与会使节并发表重要讲话》,《人民日报》2017年12月29日。

第三章　历史交汇：站在实现第二个百年奋斗目标新征程上

变局必须回答的问题。学术界对此的解读涉及科技进步与技术创新、人口结构改变、多边体系重建、西方制度颓势显露等方面。但是，科技进步的脚步从未停止，人口年龄结构和族群结构有一个渐变的过程，多边体系重建和西方制度的颓势也并非最近才出现。所以说，以上并非主因，需要我们从另外的角度来认识这一问题。

从世界百年未有之大变局本身来看，其间最大的可以看得到的变化就是以中国为代表的新兴市场国家和发展中国家群体性崛起，这从根本上改变了国际力量对比。而中国的崛起则成为这场大变局中最大的变量，成为引领大变局方向、推动人类命运共同体构建的最重要的因素。党的十八大以来的10多年，我国的发展所取得的历史性成就、发生的历史性变革前所未有，中国在与世界的联系互动中实现了历史性的发展，又以自身的发展为世界和平与发展注入了前所未有的正能量。习近平总书记强调："世界上的有识之士都认识到，经济全球化是不可逆转的历史大势，为世界经济发展提供了强劲动力。说其是历史大势，就是其发展是不依人的意志为转移的。人类可以认识、顺应、运用历史规律，但无法阻止历史规律发生作用。历史大势必将浩荡前行。"[①] 时间已经证明，中国的崛起、中华民族的伟大复兴，是引起世界百年未有之大变局的内在动因和关键变量，这注定是一场改变历史、影响世界、创造未来的非凡历程。

---

① 《习近平谈治国理政》第3卷，外文出版社2020年版，第200页。

历史自信
增强做中国人的志气、骨气和底气

就目前而言,中国正处于实现中华民族伟大复兴战略全局和世界百年未有之大变局的交汇期,从根本上说,实现中华民族伟大复兴直接关系近代以来中华民族在我们党的领导下梦寐以求并为之奋斗不息的宏愿能否成功实现,让中华民族5000多年文明能够发展到新的高峰;直接关系占全球人口1/5的中国人民在站起来、富起来的基础上,能否真正实现强起来,为中国的发展和人类的进步作出更大贡献;直接关系中国特色社会主义能否经得起风浪考验,不断夺取新的胜利,让科学社会主义真理在中国的实践得到铁一般的证实,放射出更加灿烂的光芒,成为世界人民命运的共同归宿。由此可以推测,中华民族伟大复兴是世界百年未有之大变局的关键变量。

(二)世界百年未有之大变局:中华民族伟大复兴的机遇和挑战

从历史的角度来看,中国的发展是属于全人类进步的伟大事业。今天,在这严峻的历史时刻,我们需要意识到新的百年之变,既是国际格局和体系的变革、调整不断出现深化的关键时期,又是危与机同生共存的艰难时刻。

百年未有之大变局,给中华民族伟大复兴带来重大挑战。当前,世界百年未有之大变局加速演进,世界之变、时代之变、历史之变的特征更加明显,我国需要应对的风险和挑战、需要解决的矛盾和问题比以往更加错综复杂。新冠疫情持续蔓延，大国博弈持续升温，世界经济错综复杂，全球和平、发展、治理赤字加剧。过去我们同世界的互补性多一些，现在同世界的竞争性多了起来，同时外部市场的萎缩加之国内部分产业产能仍处于过剩状态，一旦出口严重受阻，将不可避免地导致经济下滑与就业压力。与此同时，美国等西方国家试图重振其制造业的国际地位，推行"再工业化"，这对中国来说，发展压力加剧。在世界经济中，西方传统大国与新兴国家的实力对比呈现出新的变化。正是由于这些变化，西方世界，特别是美国已经将其转化成一种遏制、破坏政策。还有政治上，中国特色社会主义道路、理论、制度、文化面临严峻挑战。伴随着中国改革开放 40 多年的进程，以美国为首的西方国家原本企图达到将中国纳入西方政治体制轨道的目的。然而与之相反，改革开放不仅极大地增强了中国的综合国力，改善了人民生活，而且在中国共产党的领导下，始终坚定不移地把改革的方向和目标定位为坚持和发展中国特色社会主义，形成了中国制度、中国道路、中国方案，社会主义的大旗始终高高飘扬。这引起他们的更深层焦虑。军事上，美国是当今世界头号军事强国，动辄以"维护海上航行自由"为由，派出海空力量擅闯中国南海，对中国主权进行挑衅。同时采取多种形式插手台海事务，对我们遏制"台独"、实现两岸和平统一大业形成牵制。从内部环境来看，我国仍处于并将长期处于社会主义初级阶段，我国仍然是世界上最大的发展中国家,改革发展稳定任务难度依然很大。与此同时,国内外各方面风险和问题不断积累甚至集中显露,可能还会相互叠加、相互交织、相互转化、相互作用进而形成综合风险体,甚至还会遇到难以想象的惊涛骇浪,处理不好还有可能出现迟滞或中断中华民族伟大复兴进程的全局性风险。

百年未有之大变局,给中华民族伟大复兴带来重大机遇。从18世纪中叶到20世纪中叶的200年,是西方走上工业化道路、世界历史发生巨变的时间阶段,也是中国逐步从封建时代汇入现代文明的转折时期。与错失200年形成鲜明对照的,是中华人民共和国成立以来特别是改革开放40多年来的奋起直追,全面深化改革已经到了更高起点,中国向何处去再次成为世界级议题。正是在这样的背景下,以习近平同志为核心的党中央让时代与历史对话,深刻分析中国现代化过程中的成败得失,在2013年11月12日党的十八届中央委员会第二次全体会议上就专门讲了抓住机遇、赶上时代的极端重要性。当今世界,和平与发展仍然是时代主题。但近年来,西方发达国家主观上的积极性全球治理降低,客观上的自顾不暇更使一些西方大国参与全球治理的意愿与能力不断丧失。另外,大变局下大国退出行为造成治理主体缺位,诸多挑战表明全球治理规则业已严重落后于时代需求。在此过程中,伴随着西方大国力量的相对衰落,新兴国家的群体性崛起是全球的大事件,治理权力结构发生了显著变化:一方面,新兴大国为

第三章 历史交汇：站在实现第二个百年奋斗目标新征程上

全球治理提供了大量公共产品，但仍未获得与其实力和贡献相匹配的主体地位；另一方面，西方大国认为自身在现行全球治理体系中实现国家利益的难度上升了，进而支持现行全球治理体系的积极性正日益下降。[①] 这导致诸多领域的全球性问题陷入困境。可喜的是，我国经济发展长期向好的基本面没有变，经济持续增长的良好支撑基础和条件没有变，经济结构调整优化的整合态势没有变。另外，可以预见未来一个时期，将会是解决各种世界性难题迫切需要加强国际合作的时期。而我国拥有解决国际减贫、气候变化、重大传染性疾病、地区热点问题等世界性难题的强大能力和资源，作用不可替代。最重要的是，全球新一轮科技革命和产业变革深入发展，我国在其中占有重要一席之地。再加上有中国共产党领导的坚强保证、中国特色社会主义制度的显著优势、自信自强的精神力量，所有这些都为我国的发展创造了新机遇、注入了新动力、赋予了新内涵。

从总体上看，统筹"两个大局"机遇大于挑战，时与势都在我们这一边，这是我们的定力和底气所在，也是我们的决心和信心所在。

山河为证，岁月为名。一方面，"三个前所未有"指明中国正行走在民族复兴的正确道路上，只要继续坚定不移地走中国特

---

① 参见任琳：《"百年未有之大变局"下的全球治理体系改革》，《当代世界》2020年第3期。

色社会主义的发展道路，梦圆之时指日可待；另一方面，当前中国仍然处于社会主义初级阶段，中华民族伟大复兴中国梦的实现需要克服"两个大局"交织带来的各种负面因素，需要全国人民居安思危、同心同德、携手前行。这就要求在巨大的、强烈的政治、心理和社会变迁面前，中国共产党既要保持自己的先进性又要展示出足够的灵活性，立足现有的实力，正确处理"危"与"机"，让梦想得以实现。这是坚定历史自信的基本境遇。

第四章

反求诸己：必须永葆"赶考"的清醒和坚定

在5000多年的历史长河中，中国是一个具有长期统一历史的国家，"大一统"理念发挥了至关重要的作用。中华民族无论经历怎样的兴衰历程，"大一统"始终存在，成为一个形而上的本体，一种超越现实政治需要之上的超然存在。中国共产党建党100多年的历史，就是一部团结带领人民为实现国家统一、民族复兴而不懈斗争的壮丽史诗。现在，中国共产党团结带领中国人民又踏上了实现第二个百年奋斗目标的新"赶考"之路，在这个船到中流浪更急、人到半山路更陡的关键时期，更加需要我们坚定历史自信，研究中国历史上"大一统"体制发展演变的内在规律，从中汲取智慧和力量，使中华文明不断焕发新的生机和活力。

历史自信
增强做中国人的志气、骨气和底气

一、"大一统"的国家形态、治理智慧与现代元素

由于历史条件的限制，传统中国不能在不同国家、不同体制、不同道路之间进行比较、选择和学习。相反，它只能从纵向上对不同发展阶段的王朝政权治理智慧进行总结归纳，自我借鉴。公元前221年，秦王朝终结了春秋战国，实现了天下一统，标志着中国进入了一个"大一统"的时代。历史上符合这个条件的王朝还有西汉、东汉、西晋、隋、唐、元、明、清。"大一统"既是一种思想观念，亦是一种国家形态结构。

（一）"大一统"的国家形态

"大一统"一词最早见于《公羊传》："何言乎王正月？大一统也。""大"解作"尊""贵"，"统"解作"始"，这是"大一统"最初的含义，深刻地反映了周王朝虽然是建立在分封制的基础之上，但在春秋时期，诸侯国一律听命于周天子，形成了一个由天子统辖各个封国的统一国家。"大一统"包括王道一统、治权一统、文化一统、民族一统、政令一统，指中国古代大规模、多民族、高度统一的状态，即倡导、推崇和重视国家一统的思想。

中央集权的君主专制是"大一统"国家的政治要求。"大一统"政治理念强调，在国家架构中必须有一个政治中心作为整合国家和社会的核心力量，这个政治中心必须是强大的、先进的和拥有

第四章 反求诸己：必须永葆"赶考"的清醒和坚定

道义制高点的。在古代中国，这一政治中心的承担者是天子和朝廷。当这种超然存在有消散危机之时，一个地域宽广、高度集中、整齐划一的庞大帝国会驱除所有危机，再次复兴就成为中国历史的常态。究其原因，中华文明的整体性思维强调天地万物以及人类社会是一个有机联系的统一整体，从而在政治思想和实践中逐渐确立起中央集权的国家制度，即"大一统"的政治制度。该制度对于一个国情复杂的古代中国来说，最大的优点在于有利于国家和社会的稳定，中央集权极大地减少了地方犯上作乱的可能，君主专制有效地解决了皇权和相权之间的矛盾，这一体制奠定了中国2000余年的基本政治格局。

统一的多民族国家是"大一统"国家的文化追求。自秦汉以来，中央和地方民族政权之间不断地交往互动，逐步形成了统一的多民族国家。中华大地上的地方民族政权都承认中央政权的天下共主地位，并以此获得自身政权的合法性。原因在于中原农业文明一直处于最发达的地位，其他民族对其具有依赖性，导致了这种既有差异、冲突又无法分离的关系。同时，中原王朝周期性崩溃，推动形成了不同民族之间的交往、融合，这既使长期维持和恢复"大一统"局面成为可能，也使中华传统文明的发展具有重复性、稳定性、统一性的特点。这也决定了中国"大一统"体系内部始终存在异质性因素，如少数民族文化，且中原文明对这些异质性因素不是采取排斥、限制或消灭的办法，而是依靠多种方式去消解、融合和同化。中华民族内部密切团结而终于生成为一个统一的多民族国家。

可以清晰地感知到,"大一统"思想作为中华文明存续与发展所传承的一种思想体系,不仅包含了地理意义上的疆域统一,也包含了中华民族对于整个中国国家政治上的统一、经济与思想上的高度发达与统一的强烈期盼,对中国的历史走向产生了重要的影响。

(二)"大一统"的治理智慧

"和"是首要价值。中华民族是多元的统一体,中国文化也是多元的统一体。多元的统一,正是中国古代哲学所谓"和"的体现。孔子说:"君子和而不同,小人同而不和。"孟子亦说:"天时不如地利,地利不如人和。"作为一个独立发展的文明体,中国在长期的对外交往中,认为不同的事物乃至文明都有其存在的合理性和独特的价值,以承认世界的多样性为基础始终坚持"和而不同"。所谓"和",不是不承认矛盾对立,它强调共存是存在的先决条件,和而不同是一切事物发展的规律。"和"的含义包括两方面:一是反对武力,推崇和谐、和睦、和平、合作;二是承认和尊重差异,不追求完全相"同",它要求个人、群体、民族都要自我约束,尊重和宽容他者,在合作中受益。

道德教化是基本手段。它与道德教育的含义基本相同,都指一定阶级或集团有目的、有组织地对人们施加系统的道德影响。古代中国以道德立国，而且在道德和法律之间，前者在社会生活中起着更为基本和决定性的作用。因为"善教"能得到人民的衷心拥护，而得民心者得天下，其政治意义无疑更大。也正因此，古人极为关注社会道德问题，甚至视之为国家生死存亡的生命线。面对维持超大规模社会的统一任务，传统中国很少将民族奴役、阶级统治、限制宗教信仰等做法作为控制矛盾的方式，而是把道德教化等作为基本手段，渗透到选拔官吏、处理纠纷、发展生产、对外交往、治军用兵等国家治理的方方面面，使整个社会弥漫着浓厚的道德氛围，并形成了自身鲜明的"善政不如善教"、"学而优则仕"、官员肩负教育民众的责任等历史特点。

防御内部分裂和外部入侵是重点。由于广阔的地域面积和各地区的巨大差异，缺乏经济上的紧密联系，"大一统"国家始终面临被分裂、被分散的危险，一是如果地方势力坐大，统治集团内部就有可能发生分裂，威胁国家统一；二是周边地区的已有民族或新崛起民族在力量达到一定程度时就有可能挑战或脱离中原王朝。秦汉时期，中原王朝就一直在抵御北方匈奴的入侵；两晋时期，出现了"五胡乱华"这一恶性事件；到了南北朝时期，北朝各国的建立者大多数都是少数民族，这就是外族入侵的结果；唐朝时期，中原王朝与西部的吐蕃、突厥等国征战频繁；宋朝时期，中原王朝与契丹、西夏、金、蒙古等少数民族政权的斗争也从未停止；到了明清时期，中原王朝与蒙古等地区的战斗非常频繁。所以，防御内部分裂和外来入侵就成为维护中国古代"大一统"国家必须考虑的头等大事。

"协和万邦"是最高目标。"协和万邦"在《尚书·尧典》中的原文是："克明俊德，以亲九族。九族既睦，平章百姓。百姓昭明，协和万邦。"这段论述的意思是，尧是一个伟大的人，他能够弘扬"大德"，让家族和睦；家族和睦之后又协调百姓，也就是协调各个家族之间的关系，实现社会和睦；社会和睦之后再协调万邦诸侯，也就是各个邦国的利益，让各个邦国都能够和谐合作，这是一个"由小及大""由近及远"及"万国归一"的思想体系。古代社会，当一个国家强大到一定程度时，通常都会产生扩大疆域范围的动机。中国也是从中原地区一个很小的民族不断扩展，最后才成为一个"大一统"国家。但是，与其他民族不同的是，古代中国疆域的扩大，对外征服所起的作用不大，而实现中原地区内部的统一、稳定以及在此基础上促进与其他民族的协和、融合、归一、同化，才是中原王朝不断发展壮大的主要原因。

（三）"大一统"的现代元素

在此基础上，深度考察古代中国"大一统"的国家制度体系，我们惊奇地发现，其内在还蕴含着国家治理体系的现代元素，主

第四章 反求诸己：必须永葆"赶考"的清醒和坚定

要表现在中央集权的领导力、官僚系统的运作力、主流价值观的凝聚力、"编户齐民"的整合力四个方面。

中央集权："大一统"的领导力。"大一统"政体最核心的体现是中央（君主）集权。从制度安排的角度看，中央集权是2000多年中国封建国家治理体系中最基本的制度，这一制度的核心是"事在四方，要在中央"。中央政府通过文书律令、官僚行政、考核监察等方式，推行政令，维护中央权威，从而形成政治认同。当然，从一定意义上讲，古代中国强化国家政治权威并不纯粹是君主想要专制集权，贯通其中的一个重要目的是用国家的政治权威去压制或"降服"地方性、军阀性等其他权威，将权威集中到国家或政府手中，即君主个人身上。君主的个人能力几乎代表着整个管理层的领导力和执行力。可以说，古代君主依托这样的制度加强了对超大规模社会的治理，虽然其也常常因为缺乏制约力量而任意妄为，但在总体上大多也都实现了国家权威的集中化、统一化和理性化的管理目标。

皇权官僚制："大一统"的运作力。想要统治如此广袤地域的疆土，在封建时代，中国皇帝必须依靠官僚体系的力量来维护自己的统治。秦统一六国后，改分封制为郡县制，统一文字、货币、度量衡，建立了以皇权官僚制替代贵族制的秦制。后又经过汉、隋、唐等朝的发展，最终定格在以科举为主的皇权官僚制上。第一，通过竞争性考试吸纳精英，形成有效的政治认同。第二，官员任职回避和官员轮换，防止地方出现分裂势力。第三，各项官职管理制度配套实施，树立中央的政治权威：一是遵守法令；二是各负其责；三是制约权力；四是统一考核；五是严格等级。第四，皇权官僚制由中央任命官吏管理地方，官吏只有管理权，没有对地方的所有权，更不能世袭。第五，有一套完善的官吏选拔、试用、任命、考核、晋升、退休制度，由国家给予俸禄，建立了量才使用的功绩制。在具体实践中，官僚体系的存在，势必要分走皇权其中的一部分。因此，从封建社会建立以来，皇权和官僚体系权力的对抗就没有消失过。换句话说，原本属于丞相的权力，被成体系的官僚制度所取代。随着时代的发展，皇权逐渐趋于肆无忌惮，而官僚体系逐渐趋于陈旧老化，成事不足，败事有余。双方之间的抗衡内耗，不仅造成严重的社会资源浪费，还直接导致近代中国落后于时代。鸦片战争后，中国彻底沦为被列强宰割的羔羊。

儒家主流价值体系："大一统"的凝聚力。相比中华文明，许多古老的文明，如古埃及文明、古罗马文明等，都是文明伴随着王朝的覆灭而覆灭，没有出现再次崛起的奇迹。中国历史上的"大一统"政治文化和政治制度，一方面，使传统中国形成堪与其他文明而非单个国家相媲美的伟大政治文明；另一方面，也使中华政治文明长期按照自己的逻辑，形成其他文明很难有力量改变的成长模式。儒家思想由春秋末年的思想家孔子创立，讲仁与礼、君与臣、父与子等，是一个完整的思想体系。西汉王朝汉武帝在位时期，国家十分强盛，为维护"大一统"的局面，他采纳了董仲舒的建议，实行"罢黜百家，独尊儒术"的政策，强调以儒家思想为国家的哲学根本，为"秦制配上以儒学为核心的意识形态系统"。自此以后，儒家意识形态系统创造了中国传统主流意识形态的基本范式：第一，培养与主流价值观同质化的知识分子和官员。第二，进行深入人心的思想政治教育。第三，重视民意表达。从汉儒一直到宋、明儒，虽然朝代屡更，但儒家的思想内核基本没有发生大的变化，以致清朝的皇宫里有一副对联："惟以一人治天下，岂为天下奉一人。"纵观2000多年儒家之所以能独领风骚，一方面是因其思想内核上的天人合一观念、伦理上的仁礼观、政治上的"大一统"主张，对维持政权的稳固发挥了至关重要的作用。另一方面是因为儒家具有强烈的社会责任感，能够随时代需要的变化而不断变化，对整个中华民族的发展与繁荣产生了持久而深刻的影响。

"编户齐民"的平等结构："大一统"的整合力。"编户齐民"即以户为单位来管理人民，是谓"编户"，同时废除过去封建体制下地方上原有的贵族、长老、族长等地方领袖，所有人统统是国君的臣民，是谓"齐民"，总称"编户齐民"。这有利于国家征收赋税，并提供稳定的兵源。从人类发展的一般情况来看，前现代社会中的大多数国家都是阶级或等级化的社会结构，如欧洲中世纪的贵族、自由民、农奴等。中国在春秋战国以前也同样如此。

> 历 史 自 信
> 增强做中国人的志气、骨气和底气

到了战国时期,各国为了赢得争霸战争,就开始突破门第选拔贤才,为有军功的平民授爵、废除井田制,促进了社会的流动。商鞅自魏国入秦后,在秦孝公的支持下,共进行了两次变法,一次是在公元前356年,一次是在公元前350年。这两次变法都主要是针对社会组织进行改造,制定出由国家直接掌控的、成为国家赋税来源与军事兵源的"编户齐民"政策。值得一提的是,商鞅变法重新设计个人与国家关系,依据对国家的功劳,授予不同的民爵,打破世袭爵位,一方面,形成有层次差别的社会结构;另一方面,通过上下流通的通道,以民众间的竞争确保国家的凝聚力。再到隋、唐实行科举制,这种民众间的竞争结构进一步普遍化。这样,从理论上讲,所有社会成员,包括达官显贵甚至皇族成员,都和"小民"一样成为国家的"编户齐民",形成了一定程度上平等的、可流动的社会结构。

总之,自秦朝开始,中华民族先天禀赋中蕴含的强烈的群体精神、团结精神,与在历史实践中形成的"大一统"精神,始终融为一体,不仅使疆域统一、政治经济统一成为整个中华民族的共同心愿,也形成了整个中华民族多元一体的民族形态与兼容并蓄的文化形态。天下"定于一"和"天下大同""大道之行也,天下为公""自强不息、厚德载物"等中华民族传统观念早已浸入中华民族的血脉。中华民族基于此所表现出来的反对分裂、维护"统一"的坚定性,在整个人类社会发展史上都是独一无二的,这是中华民族 5000 多年屹立不倒的根本原因之一，也使其成为今天中国共产党"大一统"制度体系的历史源头。

二、中国共产党领导下的"大一统"制度体系

自鸦片战争以来，传统的王朝模式已经无法有效回应聚合民众、抵抗侵略、完整维护国家统一的时代课题。然而，时代仍然呼唤一个强大的政治力量以现代"大一统"方式重新实现国家统一。历史证明，北洋政府和国民党政府都无法承担这一重任。1921 年中国共产党成立后，在 1949 年成立了中华人民共和国，在 1956 年确立了社会主义制度，完成了这一历史重任。重要原因在于，马克思主义政党本色和中华文明"大一统"政治理念深度契合。

（一）"大一统"保障线：党的领导、人民当家作主和依法治国的有机统一

在中国特色社会主义的政治发展道路中，根据基本国情，已经形成了"大一统"基本原则，即党的领导、人民当家作主和依法治国的有机统一。其中，核心思想是坚持党的领导，主体内容是人民当家作主，基本要求是依法治国，这三者紧密联系、相互贯通、相互促进，揭示出当代中国共产党政治领导制度的核心理念。

历史自信
增强做中国人的志气、骨气和底气

党是最高政治领导力量。习近平总书记说:"党政军民学,东西南北中,党是领导一切的,是最高的政治领导力量。"[①] 党是政治方向的引领者。政治方向是党和国家发展的首要问题,中国共产党给全党全国各族人民指引的政治方向就是社会主义,最终奋斗目标就是实现共产主义。中国共产党作为最高政治领导力量,牢牢把握中国特色社会主义的前进方向,在政治方向和重大政治是非问题上始终保持高度的政治清醒、政治敏锐和政治洞察力,纠正偏离和违背正确政治方向的行为,确保在政治方向上不犯颠覆性错误。党是政治体系的统领者。坚持党的领导,就要发挥党总揽全局、协调各方的领导核心作用。中国共产党作为最高政治领导力量,对党和国家实行全面领导,推动构建系统完备、科学规范、运行高效的党和国家机构职能体系,形成总揽全局、协调各方的党的领导体系,职责明确、依法行政的政府治理体系,中国特色、世界一流的武装力量体系,联系广泛、服务群众的群团工作体系,推动人大、政府、政协、监察机关、审判机关、检察机关、人民团体、企事业单位、社会组织等在党的统一领导下协调行动、增强合力,全面提高国家治理能力和治理水平。党在国家政治体系中发挥统领作用,实现党的领导、人民当家作主、依法治国的有机统一,能够做到"全国一盘棋""集中力量办大事"。

[①] 习近平:《论坚持党对一切工作的领导》,中央文献出版社2019年版,第9页。

第四章 反求诸己：必须永葆"赶考"的清醒和坚定

党是重大决策的决断者。中国共产党作为最高政治领导力量所作的决策，关系到党和国家的方向性、全局性、战略性、根本性问题。

人民当家作主。我国是工人阶级领导的、以工农联盟为基础的人民民主专政的社会主义国家，国家一切权力属于人民。人民代表大会制度是我国根本政治制度，是坚持党的领导、人民当家作主、依法治国有机统一的根本政治制度安排，并且长期坚持、不断完善。人民代表大会制度在中国历史上第一次建立起了人民大众管理国家、管理社会的国家体制，为中国特色社会主义制度的建立和发展提供了政治保障，极大地调动了全国各族人民建设国家、管理国家的积极性。中国共产党领导的多党合作和政治协商制度是我国的一项基本政治制度，能把各个政党和无党派人士紧密团结起来、为着共同目标而奋斗，会有效避免一党缺乏监督而产生的弊端。人民政协是社会主义协商民主的重要渠道和专门协商机构，是中国共产党领导各民主党派、无党派人士、人民团体和各族各界人士在政治制度上进行的伟大创造。在中国共产党的领导下，人民内部各方面围绕改革发展稳定重大问题和涉及群众利益的实际问题，在决策之前和决策实施中，开展广泛协商，努力形成共识。民族区域自治制度是我国的一项基本政治制度，是中国特色解决民族问题的正确道路的重要内容和制度保障。基层群众自治制度是党领导人民群众在城乡社区治理、基层公共事务和公益事业中依法自我管理、自我服务、自我教育、自我监督，

| 历 | 史 | 自 | 信 |

增强做中国人的志气、骨气和底气

推动基层直接民主的新创造、新实践。城市的居民委员会协调会制度、听证会制度、评议会制度、居民来访制度、居委会报告制度等，农村的村民委员会选举、村民会议和代表会议、村民民主管理和民主监督等方式方法，充分保障基层群众享有更多、更切实的民主权利。总之，这一政治制度体系的灵魂是民主集中，与儒家政治结构以民为本的精髓高度重合，中国共产党是中央机构、全国人民代表大会是主权机构、国务院是行政机构（政府）、中国人民政治协商会议是谏议机构，体现出了以人为本的整合力。

依法治国。中国共产党从全局和战略高度定位法治、布局法治、厉行法治，创造性地提出了全面依法治国的一系列新理念新思想新战略。坚持党对全面依法治国的领导。健全党领导全面依法治国的制度和工作机制，推进党的领导制度化、法治化，通过法治保障党的路线方针政策有效实施。坚持以人民为中心。把体现人民利益、反映人民愿望、维护人民权益、增进人民福祉落实到全面依法治国各领域全过程；坚持中国特色社会主义法治道路。既立足当前，运用法治思维和法治方式解决经济社会发展面临的深层次问题，又着眼长远，筑法治之基、行法治之力、积法治之势，促进各方面制度更加成熟、更加定型。坚持依宪治国、依宪执政。党领导人民制定宪法法律，领导人民实施宪法法律，党自身要在宪法法律范围内活动。全国各族人民、一切国家机关和武装力量、各政党和各社会团体、各企业事业组织，都以宪法为根本的活动

第四章 反求诸己：必须永葆"赶考"的清醒和坚定

准则，都负有维护宪法尊严、保证宪法实施的职责。坚持在法治轨道上推进国家治理体系和治理能力现代化。法治是国家治理体系和治理能力的重要依托。坚持建设中国特色社会主义法治体系。中国特色社会主义法治体系是推进全面依法治国的总抓手。实现法治和德治相辅相成、相得益彰。坚持依法治国、依法执政、依法行政共同推进，法治国家、法治政府、法治社会一体建设；坚持全面推进科学立法、严格执法、公正司法、全民守法。继续推进法治领域改革，解决好立法、执法、司法、守法等领域的突出矛盾和问题。坚持统筹推进国内法治和涉外法治。加快涉外法治工作战略布局，协调推进国内治理和国际治理，更好维护国家主权、安全、发展利益。坚持建设德才兼备的高素质法治工作队伍。推进法治专门队伍革命化、正规化、专业化、职业化。坚持抓住领导干部这个"关键少数"。各级领导干部带头尊崇法治、敬畏法律，了解法律、掌握法律，不断提高运用法治思维和法治方式深化改革、推动发展、化解矛盾、维护稳定、应对风险的能力，做尊法学法守法用法的模范。事实上，理顺法治关系就是建立社会主义国家的良性秩序，这是国家本质的体现，更是中国法治现代化的根本标尺与其存续的真正目标。

党的领导、人民当家作主、依法治国三者是有机统一的整体。其中，三者有机统一的根本制度依托是人民代表大会制度，三者有机统一的实现路径是全面推进依法治国，三者有机统一的唯一领导是中国共产党。坚持党的领导是这一政治体系的核心要素，体现了党中央集中统一领导的最高领导力、以人为本的整合力、依法治国的保障力，这些彰显了中国特色社会主义民主政治的"大一统"本质特征。

（二）"大一统"生命线：选贤任能的干部人事制度体系

选人用人问题是党和人民事业成败的关键问题。《党政领导干部选拔任用工作条例》第一章总则第二条规定，选拔任用党政领导干部，必须坚持下列原则：党管干部；德才兼备、以德为先，五湖四海、任人唯贤；事业为上、人岗相适、人事相宜；公道正派、注重实绩、群众公认；民主集中制；依法依规办事。第二章选拔任用条件第七条规定，党政领导干部必须信念坚定、为民服务、勤政务实、敢于担当、清正廉洁，具备下列基本条件：一是自觉坚持以马克思列宁主义、毛泽东思想、邓小平理论、"三个代表"重要思想、科学发展观、习近平新时代中国特色社会主义思想为指导，努力用马克思主义立场、观点、方法分析和解决实际问题，坚持讲学习、讲政治、讲正气，牢固树立政治意识、大局意识、核心意识、看齐意识，坚决维护习近平总书记党中央的核心、全党的核心地位，坚决维护党中央权威和集中统一领导，自觉在思想上政治上行动上同党中央保持高度一致，经得起各种风浪考验；二是具有共产主义远大理想和中国特色社会主义坚定信念，坚定道路自信、理论自信、制度自信、文化自信，坚决贯彻执行党的理论和路线方针政策，立志改革开放，献身现代化事业，在社会主义建设中艰苦创业，树立正确政绩观，做出经得起实践、人民、历史检验的实绩；三是坚持解放思想，实事求是，与时俱进，求真务实，认真调查研究，能够把党的方针政策同本地区本部门实际相结合，卓有成效地开展工作，落实"三严三实"要求，主动担当作为，真抓实干，讲实话，办实事，求实效；四是有强烈的革命事业心、政治责任感和历史使命感，有斗争精神和斗争本领，有实践经验，有胜任领导工作的组织能力、文化水平和专业素养；五是正确行使人民赋予的权力，坚持原则，敢抓敢管，依法办事，以身作则，艰苦朴素，勤俭节约，坚持党的群众路线，密切联系群众，自觉接受党和群众的批评、监督，加强道德修养，讲党性、重品行、作表率，带头践行社会主义核心价值观，廉洁从政、廉洁用权、廉洁修身、廉洁齐家，做到自重自省自警自励，反对形式主义、官僚主义、享乐主义和奢靡之风，反对任何滥用职权、谋求私利的行为；六是坚持和维护党的民主集中制，有民主作风，有全局观念，善于团结同志，包括团结同自己有不同意见的同志一道工作。第八条规定，提拔担任党政领导职务的，应当具备下列基本资格：一是提任县处级领导职务的，应当具有五年以上工龄和两年以上基层工作经历。二是提任县处级以上领导职务的，一般应当具有下一级两个以上职位任职的经历。三是提任县处级以上领导职务，

> 历史自信
> 增强做中国人的志气、骨气和底气

由副职担任正职的，应当在副职岗位工作两年以上，由下级正职担任上级副职的，应当在下级正职岗位工作三年以上。四是一般应当具有大学专科以上文化程度，其中厅局级以上领导干部一般应当具有大学本科以上文化程度。五是应当经过党校（行政学院）、干部学院或者组织（人事）部门认可的其他培训机构的培训，培训时间应当达到干部教育培训的有关规定要求。确因特殊情况在提任前未达到培训要求的，应当在担任后一年内完成培训。六是具有正常履行职务的身体条件。七是符合有关法律规定的资格要求。提任党的领导职务的，还应当符合《中国共产党章程》等规定的党龄要求。职级公务员担任领导职务，按照有关规定执行。

"我在农村干过，担任过大队党支部书记，在县、市、省、中央都工作过。干部有了丰富的基层经历，就能更好树立群众观点，知道国情，知道人民需要什么，在实践中不断积累各方面经验和专业知识，增强工作能力和才干。这是做好工作的基本条件。"① 从实际运行情况来看，中国共产党内部平民出身的干部享有广阔的晋升空间，但竞争十分激烈。例如，2012年，中国科级与副科级干部约为90万人，处级与副处级干部约为60万人，而局级与副局级干部仅为4万人。古今中外，良政着眼点和关键处都指向了吏治，目的在于体制内的自我净化，增强民众对组织体系的政

---

① 《习近平接受金砖国家媒体联合采访》，《人民日报》2013年3月20日。

治信任。选贤任能的干部人事制度体系,是中国共产党"大一统"体制的生命线。

(三)"大一统"动力线:社会主义核心价值体系

社会主义核心价值体系建设事关民心认同。共同的思想基础,是一个党、一个国家、一个民族赖以存在和发展的根本前提。没有共同的思想基础,党就要瓦解、国家就要分裂、民族就要解体。而民心认同需要情感上的感召,需要一种统摄人心的力量的渗透,这就需要用情、理、法相交融的方式构建一个共同的思想基础。2006年10月,党的十六届六中全会通过的《中共中央关于构建社会主义和谐社会若干重大问题的决定》提出了"社会主义核心价值体系"这一概念,它共有四个方面的基本内容,即马克思主义指导思想、中国特色社会主义共同理想、以爱国主义为核心的民族精神和以改革创新为核心的时代精神、社会主义荣辱观。社会主义核心价值体系是社会主义意识形态的本质体现,决定着社会意识的性质和方向,而社会主义核心价值观是社会主义核心价值体系的内核心。党的十八大提出,倡导富强、民主、文明、和谐,倡导自由、平等、公正、法治,倡导爱国、敬业、诚信、友善,积极培育和践行社会主义核心价值观。2017年10月18日,习近平总书记在党的十九大报告中指出:"培育和践行社会主义核心价值观。……要以培养担当民族复兴大任的时代新人为着眼点,

| 历 史 自 信 |
| 增强做中国人的志气、骨气和底气

强化教育引导、实践养成、制度保障,发挥社会主义核心价值观对国民教育、精神文明创建、精神文化产品创作生产传播的引领作用,把社会主义核心价值观融入社会发展各方面,转化为人们的情感认同和行为习惯。"[①]具体来讲,培养担当民族复兴大任的时代新人的主要做法,一是培育与主流价值观同质化的先进分子。先进分子就是指积极的、发挥作用的、推动事物进步的人。应该是具有道德自律、有责任感并服务社会的人,而中国的先进分子就应该体现在为中国进步、社会发展、民族荣耀作出巨大贡献的人。在这一方面,培育与主流价值观同质化的先进分子就是主要要义之一。二是构建双向互动的深入人心的教育与畅通民意的表达渠道。若想让社会主义核心价值体系宣传教育深入人心,就一定要在把牢思想"总开关"上下功夫。而加强学习是引领思想的重要一环,对筑牢思想根基颇有益处。对社会主义核心价值体系有全面系统的认识,既知其然,又知其所以然,更知其所以必然,形成上下一致的价值观和信仰体系,这是"大一统"制度的题中应有之义。

总之,新中国成立70多年来,我们党领导人民创造了世所罕见的两大奇迹:一是经济快速发展奇迹,中华民族以崭新姿态屹立于世界的东方。二是社会长期稳定奇迹。历史证明,在人类文

---

① 习近平:《决胜全面建成小康社会 夺取新时代中国特色社会主义伟大胜利——在中国共产党第十九次全国代表大会上的报告》,人民出版社2017年版,第42页。

明发展史上,除了中国特色社会主义制度和国家治理体系外,没有任何一种国家制度和国家治理体系能够在这样短的时间内创造出如此耀眼的两大奇迹。而中国共产党建立的"大一统"的社会主义是其制度武器。

三、中国共产党"大一统"领导制度的整合与优化

制度优势是一个国家的最大优势,制度竞争是国家间最根本的竞争。党的十九届四中全会审议通过的《中共中央关于坚持和完善中国特色社会主义制度、推进国家治理体系和治理能力现代化若干重大问题的决定》(以下简称党的十九届四中全会《决定》),系统概括了中国特色社会主义制度和国家治理体系的显著优势,首要的一条是"坚持党的集中统一领导,坚持党的科学理论,保持政治稳定"。同时,党的十九届四中全会《决定》还就"如何坚持和完善中国特色社会主义制度、推进国家治理体系和治理能力现代化"作出重大战略部署,第一条就是"坚持和完善党的领导制度体系,提高党科学执政、民主执政、依法执政水平"。将党的领导制度优势置于制度优势的首要位置,突显出党的"大一统"领导制度优势的基础性和根本性作用。

历史自信
增强做中国人的志气、骨气和底气

（一）党的领导制度体系的构成要素

100多年来，我们党将制度建设纳入党的建设全过程，坚持以党章为根本遵循，建成内容科学、程序严密、配套完备、运行有效的党内法规制度体系。站在新的历史方位上，习近平总书记强调："中国特色社会主义制度是一个严密完整的科学制度体系，起四梁八柱作用的是根本制度、基本制度、重要制度，其中具有统领地位的是党的领导制度。党的领导制度是我国的根本领导制度。"①将党的领导制度明确为我国的根本领导制度，彰显其在中国特色社会主义制度体系中的统领性地位，这是具有"大一统"领导力的制度体系，主要包括六个方面的制度。

一是建立不忘初心、牢记使命的制度。作为加强党的建设的永恒课题和全体党员干部的终身课题，为坚持和完善党的领导制度体系奠定坚实基础。二是完善坚定维护党中央权威和集中统一领导的各项制度。坚决把维护习近平总书记党中央的核心、全党的核心地位落到实处，自觉在思想上政治上行动上同以习近平同志为核心的党中央保持高度一致。三是健全党的全面领导制度。确保把党的领导贯彻到党和国家所有机构履行职责全过程，推动各方面协调行动、增强合力。四是健全为人民执政、靠人民执政各项制度。坚持立党为公、执政为民，巩固党执政的阶级基础，

---

① 习近平：《坚持和完善中国特色社会主义制度推进国家治理体系和治理能力现代化》，《求是》2020年第1期。

厚植党执政的群众基础。五是健全提高党的执政能力和领导水平制度。六是完善全面从严治党制度，贯彻新时代党的建设总要求。这些制度彼此支撑、相互联系，共同构筑了党的领导制度体系，是坚持和加强党对一切工作领导的根本制度保障。

（二）坚持和完善党的领导制度体系的路径选择

纵观中国古代制度史，会发现各种大大小小的改革贯穿其中，构成了一个强大的变法体系传统。它们大都是发生在时代大变革时，是改革者为维护统治秩序、推动社会发展而进行的。马克思主义方法论同样强调要坚持实事求是、与时俱进。一般来讲，在党的领导制度体系框架中，不同制度单元和次级制度体系之间既有联系又有区别，共同构成了新时代党的领导制度体系的基本框架和逻辑结构。但与满足人民日益增长的美好生活需要相比，尚表现出一定的滞后性以及配套性、协同性不强等问题。因此，围绕增强政治定力、加强协调性和系统性、加强规范力和执行力以及建设政治过硬、本领高强的干部队伍，不断自我调整和强化，是坚持和完善党的领导制度体系的方向性选择。

增强政治定力。坚持从国情出发，加强制度理论研究和宣传教育，把制度自信教育贯穿国民教育全过程，为增强制度体系的政治定力奠定坚实的社会心理基础。同时，坚定不移地坚持和加强党的全面领导，把深刻领悟"两个确立"的决定性意义、增强"四个意识"、坚定"四

> **历 史 自 信**
> 增强做中国人的志气、骨气和底气

个自信"、做到"两个维护"融入党内各项制度，为增强全党全社会坚持和完善党的领导制度体系的政治定力优化支持性制度。

加强协调性和系统性。中国共产党不仅需要坚持问题导向和结果导向，实现党的领导制度体系的整体优化，一方面，还要坚持从基本国情出发，积极吸收借鉴人类制度文明的有益成果，加快建立健全保障党的全面领导和国家治理现代化急需的制度，以及满足人民日益增长的美好生活需要必备的制度；另一方面，又要及时总结党领导各类组织和各项事业的历史经验和实践做法，切实增强党的领导制度体系内部诸要素的协调性，以及与外部不断变化的执政环境的适应性。

加强规范力和执行力。切实强化各级党委以及各级领导干部的制度意识，自觉维护制度权威，坚决防止制度成为"稻草人""橡皮筋"。健全权威高效的制度执行机制，明确各项制度执行的主体责任、监督责任、领导责任，构建全覆盖的制度执行监督机制，切实把党的领导的制度优势转化为治理效能。

建设一支政治过硬和本领高强的干部队伍。可以说，这是一场系统性、整体性、重构性的深刻变革，也是对党员领导干部党性修养的一次检验。作为"关键少数"，一方面，要以党的事业为重，提高政治站位，为建设一支德才兼备的高素质执政骨干队伍作出自己的贡献；另一方面，要加快人才制度和政策创新，为坚持和完善党的领导制度体系提供富足的人才资源储备。依据党的建设的历史经验,党要在新时代实现党建目标,务必要建设一支政治过硬和本领高强的干部队伍。

四、坚持自我革命,决不能滋生已经严到位的厌倦情绪

"坚持自我革命"是党的十九届六中全会科学总结党的百年奋斗得出的宝贵历史经验。100多年来,中国共产党从"大一统"的维度,依据其所处的历史方位、中心任务和时代主题的变化,不断地采取各种手段进行自我革命,探索出依靠党的自我革命跳出历史周期率的成功路径。站在新的历史起点上,我们决不能滋生已经严到位的厌倦情绪,要坚定不移地推进党的自我革命向纵深发展。

(一)自我革命的内涵要求

2015年5月5日,习近平总书记在中央全面深化改革领导小组第十二次会议上首次提出"自我革命"。在庆祝中国共产党成立95周年大会上,他指出:"全党要以自我革命的政治勇气,着力解决党自身存在的突出问题,不断增强党自我净化、自我完善、自我革新、自我提高能力,经受'四大考验'、克服'四种危险',确保党始终成为中国特色社会主义事业的坚强领导核心。"[1]此后,

---

[1] 《习近平关于"不忘初心、牢记使命"论述选编》,党建读物出版社、中央文献出版社2019年版,第156页。

历史自信
增强做中国人的志气、骨气和底气

"自我革命"成为党的建设的高频热词。

2019年8月1日，习近平总书记在《求是》发表的《牢记初心使命，推进自我革命》理论文章中对"自我革命"的基本内涵作了阐释："我在今年年初召开的中央纪委三次全会上，对党的自我净化、自我完善、自我革新、自我提高的内涵作过归纳。这'四个自我'，既有破又有立，既有施药动刀的治病之法又有固本培元的强身之举。要在自我净化上下功夫，通过过滤杂质、清除毒素、割除毒瘤，不断纯洁党的队伍，保证党的肌体健康。古人说：'天下不能常治，有弊所当革也；犹人身不能常安，有疾所当治也。'治病救人，哪能不吃药，对那些顽症须下点猛药才行，对有病毒扩散风险的肿瘤还得动刀子。要在自我完善上下功夫，坚持补短板、强弱项、固根本，防源头、治苗头、打露头，堵塞制度漏洞，健全监督机制，提升党的长期执政能力。就像人一样，身子弱了就要补，免疫力下降就要加强。如果不管不顾，身体就会每况愈下，到问题严重的时候就追悔莫及，正所谓'蚁穴不填，终将溃堤'。要在自我革新上求突破，深刻把握时代发展大势，坚决破除一切不合时宜的思想观念和体制机制弊端，勇于推进理论创新、实践创新、制度创新、文化创新以及各方面创新，通过革故鼎新不断开辟未来。要在自我提高上下功夫，自觉向书本学习、向实践学习、向人民群众学习，加强党性锻炼和政治历练，不断提升政治境界、思想境界、道德境界，全面增强执政本领，建设一支忠诚干净担当的高素质专业化干部队伍。"这是自我革命内涵要求的标准答案。

综上，自我革命主要体现为两维境界：一方面，自我革命本质上是一种实践活动，体现为党在保持先进性、纯洁性和战斗力而加强自身建设的过程中所采取的具体对策、行动，这些具体实践反映出党的自我革命是一个省思自我、改造自我、发展自我的过程。这是一个在实践中发现问题、在实践中锤炼自身、在实践中进行检验的过程。另一方面，自我革命是一种精神活动，体现为"一种自我批判的勇气和担当""一种克服一切困难和挑战的决心和意志""一种一往无前、不断前进的品格和力量""一种为人民谋利益的无私境界"。中国共产党人在100多年历史中彰显出的这种强烈的自我革命精神，已经形成了勇于、善于、精于自我革命的优良传统。

2022年1月18日，习近平总书记在中国共产党第十九届中央纪律检查委员会第六次全体会议上发表重要讲话，围绕如何进行自我革命又强调了"六个必须"的要求：必须坚持以党的政治建设为统领，坚守自我革命根本政治方向；必须坚持把思想建设作为党的基础性建设，淬炼自我革命锐利思想武器；必须坚决落实中央八项规定精神、以严明纪律整饬作风，丰富自我革命有效途径；必须坚持以雷霆之势反腐惩恶，打好自我革命攻坚战、持久战；必须坚持增强党组织政治功能和组织力凝聚力，锻造敢于善于斗争、勇于自我革命的干部队伍；必须坚持构建自我净化、自我完善、自我革新、自我提高的制度规范体系,为推进伟大自我革命提供制度保障。这是对新时代党的自我革命成功实践的深刻总结,从整体层面为新时代推进党的自我革命提供了思想武器和实践指引。在具体实践中,上述六个方面的建设必须协同兼顾,任何一个方面的缺失都会影响整体效果。自我革命是党的建设各个领域、各类要素的综合反映和系统呈现,它不属于哪一项特定领域和环节,不是通过哪几项领域和环节的治理举措简单相加而呈现出的生态显现,也不是机械地采取哪一项举措就可以得到有效治理,它是集中体现党的建设思路、举措与成效的一种内在特质,需要通过系统治理、协同推进,才能取得整体效果和治理合力。正是在这个意义上,习近平总书记提出了"六个必须"的要求。

(二)自我革命的价值功能

自我革命是永葆马克思主义政党本色的内在要求。《共产党宣言》强调了共产党的根本宗旨:"无产阶级政党通过革命使自己上升为统治阶级,建立新的生产关系,并随着时代发展不断对生产关系进行调整,不断趋向人类解放,这同时也是自我革命的过程。"[1]在党的七大的政治报告中,毛泽东首次将"批评和自我批评"作为党的"三大作风"之一明确地提了出来,"有无认真的自我批评,

---

[1] 《马列主义经典著作选编(党员干部读本)》,党建读物出版社2011年版,第32页。

第四章 反求诸己:必须永葆"赶考"的清醒和坚定

也是我们和其他政党互相区别的显著标志之一"①。1956年,在党的八大会议上,邓小平作了《关于修改党的章程的报告》,提出要采取群众性的批评和自我批评的方法,每隔一定时期,对全体党员进行一次工作作风的整顿,特别着重检查群众路线的执行情况。随后通过的《中国共产党章程》在总纲中明确规定,中国共产党必须经常用批评和自我批评的方法揭露和消除自己的缺点和错误,以教育自己和人民。进入新时代以来,习近平总书记多次强调批评和自我批评的重要性。在第十八届中央纪律检查委员会第六次全体会议上,他明确地说:"要让批评和自我批评成为党内生活的常态,成为每个党员、干部的必修课。"②自我革命的目标指向,就是通过自身努力形成"四自"能力,锻造坚强的领导核心推动社会革命。自我革命是进行社会革命的必要前提,社会革命是党自我革命的最终使命,若无社会革命,共产党就失去了无产阶级革命政党本色。两个"革命"一起抓,是党不断走向胜利的"总钥匙"。先进的马克思主义政党不是天生的,而是在不断自我革命中淬炼而成的。我们党历史这么长、规模这么大、执政这么久,归根结底是因为我们党始终坚守自我革命精神,敢于直面问题、敢于刀刃向内、敢于刮骨疗毒,才跳出治乱兴衰的历史周期率。自我革命是永葆青春活力

---

① 《毛泽东选集》第3卷,人民出版社1991年版,第1096页。
② 习近平:《在第十八届中央纪律检查委员会第六次全体会议上的讲话》,人民出版社2016年版,第27页。

历史自信
增强做中国人的志气、骨气和底气

的马克思主义执政党的内在要求。

自我革命是我们党最鲜明的品格和独特优势。中国共产党自成立以来就把推进自我革命摆在重要位置，逐步开辟并形成了一条契合自身发展规律的自我革命道路。重温100多年历史，找寻我们党不断取得成功的原因，"我们党的历史经验，也是在自己同各种错误路线作斗争的过程中使自己获得了锻炼，因此取得了伟大的革命胜利和建设胜利的"[①]。"我党历史上曾经有过几次表现了大的骄傲，都是吃了亏的。第一次是在一九二七年上半年。那时北伐军到了武汉，一些同志骄傲起来，自以为了不得，忘记了国民党将要袭击我们。结果犯了陈独秀路线的错误，使这次革命归于失败。第二次是在一九三〇年。红军利用蒋冯阎大战的条件，打了一些胜仗，又有一些同志骄傲起来，自以为了不得。结果犯了李立三路线的错误，也使革命力量遭到一些损失。第三次是在一九三一年。红军打破了第三次'围剿'，接着全国人民在日本进攻面前发动了轰轰烈烈的抗日运动，又有一些同志骄傲起来，自以为了不得。结果犯了更严重的路线错误，使辛苦地聚集起来的革命力量损失了百分之九十左右。第四次是在一九三八年。抗战起来了，统一战线建立了，又有一些同志骄傲起来，自以为了不得，结果犯了和陈独秀路线有某些相似的错误。这一次，又

---

① 《毛泽东文集》第7卷，人民出版社1999年版，第19页。

第四章　反求诸己：必须永葆"赶考"的清醒和坚定

使得受这些同志的错误思想影响最大的那些地方的革命工作，遭到了很大的损失。全党同志对于这几次骄傲，几次错误，都要引为鉴戒。近日我们印了郭沫若论李自成的文章，也是叫同志们引为鉴戒，不要重犯胜利时骄傲的错误。"[1]在全党开展集中的学习教育，是我们党推进自我革命的重要途径。改革开放以来，我们通过开展整党、"三讲"教育、先进性教育活动、学习实践科学发展观活动等，有力推进了党的建设新的伟大工程。党的十八大以来，我们先后组织开展党的群众路线教育实践活动等学习教育，党的创造力、凝聚力、战斗力显著提高，党的自我革命能力不断增强。因此，《决议》指出："先进的马克思主义政党不是天生的，而是在不断自我革命中淬炼而成的。"[2]自我革命是我们党100多年奋斗的重要历史经验，是先进的马克思主义政党的奥秘所在。

自我革命是解决党内突出问题和应对风险挑战的必然举措。先进性和纯洁性是马克思主义政党的本质属性，贯穿于党的性质、宗旨、任务和全部工作中，体现在各级党组织和全体党员紧紧扭住保持党同人民群众的血肉联系这个关键中，人民群众反对什么、痛恨什么，就坚决防范和纠正什么。仔细分析可见，我们党面临的"四大考验""四种危险"主要来自党内，主要是人心向背问题。

---

[1] 《毛泽东选集》第3卷，人民出版社1991年版，第947—948页。
[2] 《中共中央关于党的百年奋斗重大成就和历史经验的决议》，人民出版社2021年版，第70页。

历史自信
增强做中国人的志气、骨气和底气

党的十八大以来，以习近平同志为核心的党中央以前所未有的勇气和定力推进全面从严治党。事实是，经过这样长期的自我革命，我们党的政治优势和组织优势不断转化为制胜优势。在世界现有的政党中，像中国共产党这样进行自我革命、不断超越自我的政党，是非常罕见的。中国共产党的伟大不在于不犯错误，而在于其具有极强的自我纠错能力和自我修复能力。历史告诉我们，只有坚持不懈地进行自我革命，清除一切侵蚀党的健康肌体的病毒，保持党的先进性和纯洁性，才能确保党的长期执政地位，才能确保红色江山永不变色。

（三）决不能滋生已经严到位的厌倦情绪，以强有力的举措把自我革命落到实处

习近平总书记在省部级主要领导干部学习贯彻党的十九届六中全会精神专题研讨班开班式上强调："现在，反腐败斗争取得了压倒性胜利并全面巩固，但全党同志要永葆自我革命精神，增强全面从严治党永远在路上的政治自觉，决不能滋生已经严到位的厌倦情绪。"[①] 作为一个执政能力异常强大的政党，我们党恪守党章，始终强调党规党纪的重要意义。党内的纪律建设从根本上来说是党内精神文化的重要组成部分，这是由千千万万的党员群

---

① 《习近平谈治国理政》第4卷，外文出版社2022年版，第32页。

体、革命烈士、战斗英雄创造出来的,而决不能滋生已经严到位的厌倦情绪是这些精神文化的鲜明品质。这是各级党组织和党员干部的职责所在。

各级党组织要严格履行主体责任。当前,与向社会主义现代化强国进军的伟大社会革命的要求相比,党的自身建设上还存在一些不匹配、不适应的地方,一些弱化党的先进性、损害党的纯洁性的问题还具有很大的危险性和破坏性。全面从严治党,对党委一班人来说,既是政治责任、政治担当问题,也是政治态度、政治立场问题。现在,有的党委对主体责任还认识不清、落实不力,在一定程度上带坏了风气。各级党组织要严格层层抓落实,要发挥纪委专责监督作用,对党风廉政建设进行经常性监督检查和定期巡查,及时发现问题,限期督促整改。领导干部要严格坚持"一岗双责",把管业务同管思想、管作风、管纪律、管廉政统筹起来,看好自己的门、管好自己的人,不断增强自我革命的主体自觉,以永远在路上的勤奋、执着履行好主体责任。

党员干部要积极当好"三严三实"表率。可以说,好的干部是党的脊梁、民族的脊梁。历史反复告诉我们,铸就丰功伟绩,离不开人才辈出,实现民族复兴,更需要群贤引领。党员干部要坚持不懈用习近平新时代中国特色社会主义思想武装头脑,把践行"三严三实"养成一种习惯、化为一种境界,练就过硬作风。党员干部必须走在前面,重视家教家风,斩断权力与资本勾连纽带,树好标杆、当好表率。党员干部要真正在思想上严起来，在整改上严起来，在正风肃纪上严起来，切实做到严抓严打、严督实导、严查实改。党员干部要敢抓敢管，敢于较真碰硬，不解决问题绝不撒手；党员干部要吃苦耐劳，真正以严的标准、严的措施、严的纪律坚决反对"四风"。党员干部要时刻进行自省，大力弘扬批评和自我批评的优良作风，多一点"闻过则喜"的雅量与胸怀，多一点从善如流的心态和真诚。还有，年轻的党员干部要正确对待权力，时刻严守法纪规矩，扣好人生"第一粒扣子"。

"大一统"思想得以传承不衰，是历史的选择、人民的选择，是中国共产党的指导思想马克思主义与传统中国"大一统"思想贯通融合的必然结果。只有坚持人民当家作主的中国才能确立"大一统"的社会主义制度。今天的中国是历史中国的发展，是世界中国的发展，祖国统一是实现中华民族伟大复兴、国家强大的必然要求和显著标志，没有任何人、任何势力能够割断这种跨越千年的文脉传承。"大一统"的社会主义制度反映了党的自信和坚定，表明了党的理性和清醒，体现了我们党的智慧和担当，使我们党形成万众一心、无坚不摧的磅礴力量，是克服一切艰难险阻、战胜一切强大敌人的宝贵经验。这是坚定历史自信的制度基础。

第五章

用马克思主义之"矢"射新时代中国之"的"

一个民族要走在时代前列,就一刻不能没有理论思维,一刻不能没有思想指引。习近平总书记指出:"在近代中国最危急的时刻,中国共产党人找到了马克思列宁主义,并坚持把马克思列宁主义同中国实际相结合,用马克思主义真理的力量激活了中华民族历经几千年创造的伟大文明,使中华文明再次迸发出强大精神力量。"① 理论的生命力在于创新。我们党的历史,就是一部不断推进马克思主义中国化时代化的历史,就是一部不断推进理论创新、进行理论创造的历史。新时代新任务新目标新赛道,我们要学会用马克思主义之"矢"射新时代中国之"的",坚定历史自信。

---

① 习近平:《在党史学习教育动员大会上的讲话》,《求是》2021年第7期。

历史自信
增强做中国人的志气、骨气和底气

一、大道之行:马克思主义中国化时代化

马克思主义产生于19世纪40年代,是由马克思和恩格斯创立并为后继者所不断发展的科学理论体系,是关于自然、社会和人类思维发展一般规律的学说,是关于社会主义必然代替资本主义、最终实现共产主义的学说,是关于无产阶级解放、全人类解放和每个人自由而全面发展的学说,是无产阶级政党和社会主义国家的指导思想,是指引人民创造美好生活的行动指南。

(一)马克思主义的产生和基本原理

马克思主义的产生具有深刻的社会根源、阶级基础和思想渊源。马克思、恩格斯生活的时代,资本主义生产方式在西欧已经有了相当的发展。这一生产方式一方面带来了社会化大生产的迅猛发展,另一方面生产的发展却引起周期性经济危机频繁爆发,造成了深重的社会灾难,工人极端困苦,社会产生两极分化,令人困惑难解。无产阶级在反抗资产阶级剥削和压迫的斗争中,逐步走向自觉,迫切渴望科学的理论指导。面对"资本主义向何处去、人类向何处去"这一时代课题,当时占主流地位的资产阶级思想家无能为力。但令世人异常欣慰的是,两位胸怀伟大理想的年轻思想家以自觉的历史担当,迎接时代的挑战,成为解决时代课题新理论的创立者。1848年2月,《共产党宣言》发表,标志着马

第五章 用马克思主义之"矢"射新时代中国之"的"

克思主义的诞生。

马克思主义哲学、马克思主义政治经济学和科学社会主义是马克思主义的三个基本组成部分,有机统一并共同构成了主体内容。习近平总书记说:"这三大组成部分分别来源于德国古典哲学、英国古典政治经济学、法国空想社会主义,然而,最终升华为马克思主义的根本原因,是马克思对所处的时代和世界的深入考察,是马克思对人类社会发展规律的深刻把握。"[①]马克思主义将哲学、经济学、政治学和社会主义等众多学科领域的知识进行了系统性的批判与继承,第一次揭示了人类社会发展的客观规律并指出了无产阶级的历史使命,描绘了未来社会的基本形态和共产主义社会的基本面貌。

马克思主义是一个博大精深的理论体系,我们可以从基本立场、基本观点、基本方法的有机统一中来学习和把握马克思主义基本原理。第一,马克思主义的基本立场。它是马克思主义观察、分析和解决问题的根本立足点和出发点。马克思主义以无产阶级的解放和全人类的解放为己任,以人的自由全面发展为美好目标,以人民为中心,坚持一切为了人民,一切依靠人民,全心全意为人民谋幸福。第二,马克思主义的基本观点。它是关于自然、社会和人类思维发展一般规律的科学认识,是对人类思想成果和社

---

① 习近平:《在纪念马克思诞辰200周年大会上的讲话》,人民出版社2018年版,第6—7页。

会实践经验的科学总结。主要包括：关于世界统一于物质、物质决定意识的观点，关于事物矛盾运动规律的观点，关于实践和认识辩证关系的观点，关于社会存在决定社会意识的观点，关于人与自然和谐共生的观点，关于人类社会发展规律的观点，关于世界历史的观点，关于阶级和阶级斗争的观点，关于人民群众创造历史的观点，关于人的全面发展和社会全面进步的观点，关于商品经济和社会化大生产一般规律的观点，关于劳动价值论、剩余价值论和资本主义生产方式本质的观点，关于资本主义政治制度和意识形态本质的观点，关于垄断资本主义的观点，关于社会主义必然代替资本主义的观点，关于社会主义革命和无产阶级专政的观点，关于无产阶级政党建设的观点，关于社会主义社会本质特征和建设规律的观点，关于共产主义社会基本特征和共产主义远大理想的观点，等等。第三，马克思主义的基本方法。它是建立在辩证唯物主义和历史唯物主义世界观和方法论基础上，指导我们正确认识世界和改造世界的思想方法和工作方法，主要包括实事求是的方法、辩证分析的方法、社会基本矛盾和主要矛盾分析的方法、历史分析的方法、阶级分析的方法、群众路线的方法等。

习近平总书记指出，马克思主义是科学的理论，创造性地揭示了人类社会发展规律。马克思主义是人民的理论，第一次创立了人民实现自身解放的思想体系。马克思主义是实践的理论，指引着人民改造世界的行动。马克思主义是不断发展的开放的理论，始终站在时代前沿。①这一阐释充分揭示了马克思主义具有鲜明的科学性、人民性、实践性、发展性的基本特征,这些特征体现了马克思主义的本质和使命,也展现出马克思主义的理论形象。

迄今为止,马克思主义的科学论断被当今世界发展无数次地印证,说明它是超越时间空间界限的普遍真理。因此,马克思主义指导中国实践就是将马克思主义真理性的内容、原则、方法运用于中国,使中国的发展有法可依、有理可循。

(二)马克思主义中国化时代化

19世纪70年代到20世纪初,科学技术的发展有力地推动了西方国家生产规模的扩大,使生产和资本日益集中,从而出现资本垄断的局面,资本主义从自由竞争阶段进入垄断阶段。马克思、恩格斯依据自由资本主义阶段的世界经济政治发展状况,曾提出过社会主义革命将首先在几个主要的资本主义国家同时发生的设想。1917年,列宁和布尔什维克党领导俄国工人阶级和革命人民夺取了十月革命的胜利,使社会主义从理想开始变为现实,从而开创了世界历史的新纪元。十月革命胜利后,对于经济文化相对落后的国家如何向社会主义过渡和建设社会主义,列宁在领导俄国革命和建设的过程中,把马克思主义基本原理与俄国实际相结

---

① 参见习近平:《在纪念马克思诞辰200周年大会上的讲话》,人民出版社2018年版,第7—9页。

历史自信
增强做中国人的志气、骨气和底气

合,创立了列宁主义,把马克思主义发展到第二个新的历史阶段。

十月革命一声炮响,给中国送来了马克思列宁主义。"十月革命帮助了全世界也帮助了中国的先进分子,用无产阶级的宇宙观作为观察国家命运的工具,重新考虑自己的问题"①。先进的中国知识分子如陈独秀、李大钊、毛泽东等接触到关于无产阶级和人类解放的马克思主义,坚信其必然是中国工人阶级和无产阶级的强大理论武器。马克思主义中国化时代化是不以人的意志为转移的客观规律,是历史发展的必然。这种历史必然性是由马克思主义理论本身的特点和中国革命和建设的需要决定的。马克思主义创始人曾明确指出:"它提供的不是现成的教条,而是进一步研究的出发点和供这种研究使用的方法。"②因此,取马克思主义之"道",契中国时代之"需",解中国之"困",图中国发展之"策",就需要以马克思主义来"化"中国。用马克思主义来"化"中国需要有的放矢,而这个"的"就是指中国特有的文化传统和现实国情。1938年,毛泽东在党的六届六中全会上作的题为《论新阶段》的政治报告中最先提出了"马克思主义中国化"这个命题。他指出:"没有抽象的马克思主义,只有具体的马克思主义。所谓具体的马克思主义,就是通过民族形式的马克思主义,就是把马克思主义应用到中国具体环境的具体斗争中去,而不是抽象地应用它。

---

① 《毛泽东选集》第4卷,人民出版社1991年版,第1471页。
② 《马克思恩格斯选集》第4卷,人民出版社2012年版,第664页。

第五章　用马克思主义之"矢"射新时代中国之"的"

成为伟大中华民族之一部分而与这个民族血肉相联的共产党员,离开中国特点来谈马克思主义,只是抽象的空洞的马克思主义。因此,马克思主义的中国化,使之在其每一表现中带着中国的特性,即是说,按照中国的特点去应用它,成为全党亟待了解并亟须解决的问题。"[①] 这一论述充分阐释了马克思主义中国化就是将马克思主义基本原理同中国具体实际相结合的基本内涵。具体地说,就是把马克思主义基本原理更进一步地同中国实践、中国历史、中华文化结合起来,使马克思主义在中国实现具体化。它也表明,把握"具体的马克思主义"需要用辩证法的视角来对待马克思主义,在马克思主义的普遍真理与中国的实际相结合的进程中,实现马克思主义与中国革命、建设和改革的实践同生共长,逐步形成中国化的马克思主义。

中国共产党从成立之日起,就把马克思列宁主义确立为指导思想,领导全国各族人民取得了革命、建设、改革的伟大胜利,并不断推进马克思主义中国化时代化,创立了毛泽东思想、邓小平理论,形成了"三个代表"重要思想、科学发展观,创立了习近平新时代中国特色社会主义思想,丰富和发展了马克思主义。党的十七大将邓小平理论、"三个代表"重要思想、科学发展观等理论成果统称为"中国特色社会主义理论体系"。党的十八大

---

① 《中共中央文件选集》第11册,中共中央党校出版社1991年版,第658—659页。

> 历史自信
> 增强做中国人的志气、骨气和底气

进一步明确，中国特色社会主义理论体系是中国特色社会主义的行动指南，是对马克思列宁主义、毛泽东思想的坚持和发展，是马克思主义中国化的最新理论成果。2018年，十三届全国人大一次会议通过的宪法修正案把马克思列宁主义、毛泽东思想、邓小平理论、"三个代表"重要思想、科学发展观、习近平新时代中国特色社会主义思想共同确立为我们国家的指导思想。《决议》在阐述每个历史时期的主要任务后，首先从理论成果上进行概括，总结了我们党不断推进马克思主义中国化时代化、开辟马克思主义新境界的"三次飞跃"，第一次飞跃的理论成果是毛泽东思想，第二次飞跃的理论成果是中国特色社会主义理论体系，第三次飞跃的理论成果是习近平新时代中国特色社会主义思想，其中第一次是"历史性飞跃"，第二次和第三次都是"新的飞跃"。这反映了理论对实践的引领作用，揭示了科学真理的强大威力。《决议》用一次"历史性飞跃"和两次"新的飞跃"，概括马克思主义中国化时代化的历史进程，这个重要概括在我们党的历史上还是第一次，从时间和空间上对马克思主义中国化时代化成果的产生和发展作出了科学界定，明确了"三大理论成果"在马克思主义中国化时代化进程中的历史地位。

党的二十大修订的《中国共产党章程》提出："中国共产党以马克思列宁主义、毛泽东思想、邓小平理论、'三个代表'重要思想、科学发展观、习近平新时代中国特色社会主义思想作为自己的行动指南。"①回顾马克思主义中国化的发展历程,可以清晰地看到,中国共产党是靠思想立党、理论强党的马克思主义政党,是勇立时代潮头、引领时代发展的马克思主义政党。紧扣时代之问、实现创新发展,是中国共产党安身立命、永葆青春的理论品格。

二、深刻理解习近平新时代中国特色社会主义思想

《决议》中的一个重要内容,是对习近平新时代中国特色社会主义思想在党的十九大的基础上,作了进一步的概括和阐述:"习近平新时代中国特色社会主义思想是当代中国马克思主义、二十一世纪马克思主义,是中华文化和中国精神的时代精华,实现了马克思主义中国化新的飞跃。"②这一表述,深刻阐明了习近平新时代中国特色社会主义思想的理论内涵和重大意义,标明了这一光辉思想在马克思主义中国化时代化历程中、在中华文化中国精神发展史上的重要地位。党的二十大报告提出:"十九大、十九届六中全会提出的'十个明确'、'十四个坚持'、'十三个方面成就'概括了这一思想的主要内容,必须长期坚持并不断

---

① 《中国共产党章程(中国共产党第二十次全国代表大会部分修改,2022年10月22日通过)》,《人民日报》2022年10月27日。

② 《中共中央关于党的百年奋斗重大成就和历史经验的决议》,人民出版社2021年版,第26页。

历史自信
增强做中国人的志气、骨气和底气

丰富发展。"①

一要把握这一思想回答的重大时代课题。马克思、恩格斯说:"一切划时代的体系的真正的内容都是由于产生这些体系的那个时期的需要而形成起来的。所有这些体系都是以本国过去的整个发展为基础的,是以阶级关系的历史形式及其政治的、道德的、哲学的以及其他的后果为基础的。"②党的十九大提出,新时代坚持和发展什么样的中国特色社会主义、怎样坚持和发展中国特色社会主义,是习近平新时代中国特色社会主义思想回答的重大时代课题,正如《决议》所指出的:"新时代坚持和发展什么样的中国特色社会主义、怎样坚持和发展中国特色社会主义,建设什么样的社会主义现代化强国、怎样建设社会主义现代化强国,建设什么样的长期执政的马克思主义政党、怎样建设长期执政的马克思主义政党等重大时代课题。"③这个重要概括,是判定习近平新时代中国特色社会主义思想实现马克思主义中国化时代化新的飞跃的重要依据。

二要把握这一思想的主要内容。习近平新时代中国特色社会主义思想对马克思主义哲学、政治经济学、科学社会主义各个领

---

① 习近平:《高举中国特色社会主义伟大旗帜 为全面建设社会主义现代化国家而团结奋斗——在中国共产党第二十次全国代表大会上的报告》,《人民日报》2022年10月26日。
② 《马克思恩格斯全集》第3卷,人民出版社2012年版,第544页。
③ 《中共中央关于党的百年奋斗重大成就和历史经验的决议》,人民出版社2021年版,第25页。

域都提出了许多标志性、引领性的新观点，实现了对中国特色社会主义建设规律认识的新飞跃。《决议》用"十个明确"对习近平新时代中国特色社会主义思想的核心内容作了进一步概括："明确中国特色社会主义最本质的特征是中国共产党领导，中国特色社会主义制度的最大优势是中国共产党领导，中国共产党是最高政治领导力量，全党必须增强'四个意识'、坚定'四个自信'、做到'两个维护'；明确坚持和发展中国特色社会主义，总任务是实现社会主义现代化和中华民族伟大复兴，在全面建成小康社会的基础上，分两步走在本世纪中叶建成富强民主文明和谐美丽的社会主义现代化强国，以中国式现代化推进中华民族伟大复兴；明确新时代我国社会主要矛盾是人民日益增长的美好生活需要和不平衡不充分的发展之间的矛盾，必须坚持以人民为中心的发展思想，发展全过程人民民主，推动人的全面发展、全体人民共同富裕取得更为明显的实质性进展；明确中国特色社会主义事业总体布局是经济建设、政治建设、文化建设、社会建设、生态文明建设五位一体，战略布局是全面建设社会主义现代化国家、全面深化改革、全面依法治国、全面从严治党四个全面；明确全面深化改革总目标是完善和发展中国特色社会主义制度、推进国家治理体系和治理能力现代化；明确全面推进依法治国总目标是建设中国特色社会主义法治体系、建设社会主义法治国家；明确必须坚持和完善社会主义基本经济制度，使市场在资源配置中起决定

历史自信
增强做中国人的志气、骨气和底气

性作用,更好发挥政府作用,把握新发展阶段,贯彻创新、协调、绿色、开放、共享的新发展理念,加快构建以国内大循环为主体、国内国际双循环相互促进的新发展格局,推动高质量发展,统筹发展和安全;明确党在新时代的强军目标是建设一支听党指挥、能打胜仗、作风优良的人民军队,把人民军队建设成为世界一流军队;明确中国特色大国外交要服务民族复兴、促进人类进步,推动建设新型国际关系,推动构建人类命运共同体;明确全面从严治党的战略方针,提出新时代党的建设总要求,全面推进党的政治建设、思想建设、组织建设、作风建设、纪律建设,把制度建设贯穿其中,深入推进反腐败斗争,落实管党治党政治责任,以伟大自我革命引领伟大社会革命。"这"十个明确"是党对中国特色社会主义建设规律认识深化和理论创新的重大成果,架起了习近平新时代中国特色社会主义思想的四梁八柱。这里,着重解读两个主要的创新点:一个是,把原有党的领导和党的建设内容分别作为第一个明确和第十个明确来阐述,第一个明确强调中国共产党的领导,鲜明提出全党必须增强"四个意识"、坚定"四个自信"、做到"两个维护",这是对加强党的全面领导理论和实践成果的总结升华,彰显了党的领导的极端重要性;第十个明确强调全面从严治党,凸显了我们党对自身建设规律认识的进一步深化,表明了以伟大自我革命引领伟大社会革命的坚定决心。另一个是,新增"必须坚持和完善社会主义基本经济制度"作为

第五章　用马克思主义之"矢"射新时代中国之"的"

第七个明确，鲜明提出把握新发展阶段、贯彻新发展理念、构建新发展格局，体现了对关系我国发展全局一系列重大问题的认识达到了新高度。此外，在其他部分还把"以中国式现代化推进中华民族伟大复兴""发展全过程人民民主"等治国理政新理念新思想新战略纳入其中，充分体现了新时代党的理论创新和实践创造的最新成果。在消化理解"十个明确"的同时，还要注意消化理解"十四个坚持""十三个方面成就"。

三要把握这一思想的重要地位。《决议》指出，习近平新时代中国特色社会主义思想是当代中国马克思主义、二十一世纪马克思主义，是中华文化和中国精神的时代精华。这标定了这一思想在马克思主义发展史、中华文化发展史上的重要地位。习近平总书记在2021年"七一"重要讲话中提出，把马克思主义基本原理同中国具体实际相结合、同中华优秀传统文化相结合，习近平新时代中国特色社会主义思想就是"两个相结合"的重大理论成果。一方面，这一思想对马克思主义哲学、政治经济学、科学社会主义各个领域都提出了许多标志性、引领性的新观点，是马克思主义在当今时代的新发展；另一方面，这一思想深深植根于中华文化的沃土之中，深刻汲取博大精深的中华优秀传统文化所蕴含的丰富哲学思想、人文精神、道德理念，是对中华优秀传统文化进行创造性转化、创新性发展的典范。深刻反映中华民族自古以来的梦想和追求，特别是实现中华民族伟大复兴这一近代以来最伟

历史自信
增强做中国人的志气、骨气和底气

大的梦想，凝结着中国人民的伟大创造精神、伟大奋斗精神、伟大团结精神、伟大梦想精神，充盈着浓郁的中国味、深厚的中华情、浩然的民族魂，具有强大的历史穿透力、文化感染力和精神感召力，有效激活了中华优秀传统文化的生命力，使马克思主义在中国大地焕发出新的勃勃生机。

四要把握习近平总书记为这一思想的创立发挥了决定性作用、作出了决定性贡献。一个成熟的马克思主义政党，坚强领导核心的确立，总是与科学思想的指引相辅相成、相互促进的。马克思指出，每一个社会时代都需要有自己的大人物，如果没有这样的人物，它就要把他们创造出来。从1935年遵义会议到1945年党的七大，正是因为以毛泽东同志为核心的党的第一代中央领导集体的逐步形成，党才能更好地从全局和战略的高度总结历史经验、进行理论思考。毛泽东思想不断发展成熟，引导中国革命航船乘风破浪、胜利驶向光辉的彼岸，从而使得以毛泽东同志为核心的党的第一代中央领导集体在全党和全国人民心中逐渐赢得崇高威望。党的十八大以来，习近平总书记在领导进行具有许多新的历史特点的伟大斗争中，以马克思主义政治家、思想家、战略家的非凡理论勇气、卓越政治智慧、强烈使命担当，应时代之变迁、立时代之潮头、发时代之先声，提出一系列原创性的治国理政新理念新思想新战略，为习近平新时代中国特色社会主义思想的创立发挥了决定性作用、作出了决定性贡献。习近平总书记是这一

第五章　用马克思主义之"矢"射新时代中国之"的"

思想的主要创立者。党和国家事业之所以取得历史性成就、发生历史性变革，根本在于有以习近平同志为核心的党中央领航掌舵，有习近平新时代中国特色社会主义思想指引航向。党确立习近平同志党中央的核心、全党的核心地位，确立习近平新时代中国特色社会主义思想的指导地位，反映了全党全军全国各族人民的共同心愿，对新时代党和国家事业发展、对推进中华民族伟大复兴历史进程具有决定性意义，是时代呼唤、历史选择、民心所向。将"两个确立"写入《决议》，是深刻总结党的百年奋斗历史、深刻总结党的十八大以来的伟大实践得出的郑重历史结论。

"中国共产党为什么能，中国特色社会主义为什么好，归根到底是因为马克思主义行"[①]。马克思主义行的坚实根基，在于其对全世界无产阶级革命的指引和对人类文明未来的塑造。对于马克思主义，习近平总书记深刻指出："这一理论犹如壮丽的日出，照亮了人类探索历史规律和寻求自身解放的道路。"[②] 新的征程上，高度自觉自信地用习近平新时代中国特色社会主义思想举旗定向、统一思想、凝聚力量，在过去100多年赢得了伟大胜利和荣光的中国共产党和中国人民，一定能在未来赢得更加伟大的胜利和荣光！

---

① 习近平：《在庆祝中国共产党成立100周年大会上的讲话》，人民出版社2021年版，第13页。

② 习近平：《在纪念马克思诞辰200周年大会上的讲话》，人民出版社2018年版，第6页。

三、"两个结合":马克思主义中国化时代化的规律性揭示

马克思主义对中国的改变,是人类社会发展的奇迹。从中国人得知马克思、恩格斯到今天也就100多年的时间,中国人却用马克思主义绘就了百年沧桑的壮丽历史画卷,如此巨变的基因密码究竟在哪里?"坚持把马克思主义基本原理同中国具体实际相结合、同中华优秀传统文化相结合,坚持实践是检验真理的唯一标准,坚持一切从实际出发,及时回答时代之问、人民之问,不断推进马克思主义中国化时代化"①。《决议》从党的指导思想高度,鲜明揭示出马克思主义的发展性具体体现为时代性的维度和民族性的维度,总体体现为"两个结合"的内在规律。正如习近平总书记在党的二十大报告中所说:"中国共产党人深刻认识到,只有把马克思主义基本原理同中国具体实际相结合、同中华优秀传统文化相结合,坚持运用辩证唯物主义和历史唯物主义,才能正确回答时代和实践提出的重大问题,才能始终保持马克思主义的蓬勃生机和旺盛活力。"②

---

① 《〈中共中央关于党的百年奋斗重大成就和历史经验的决议〉辅导读本》,人民出版社2021年版,第75—76页。
② 习近平:《高举中国特色社会主义伟大旗帜 为全面建设社会主义现代化国家而团结奋斗——在中国共产党第二十次全国代表大会上的报告》,《人民日报》2022年10月26日。

（一）把马克思主义基本原理同中国具体实际相结合

任何理论的诞生都是特定场域的产物，有孕育它的时空方位。马克思主义的诞生有它特定的场域，"资产阶级，由于开拓了世界市场，使一切国家的生产和消费都成为世界性的了"[1]。由此，"具有世界历史意义的新起点毕竟是已经取得了"[2]。正是在这样的基础上，马克思主义得以出场，人类社会发展才被作为一个整体加以研究，并指出了人类社会的发展规律。也正如毛泽东所指出的："客观现实世界的变化运动永远没有完结，人们在实践中对于真理的认识也就永远没有完结。……马克思列宁主义并没有结束真理，而是在实践中不断地开辟认识真理的道路。"[3]

实现马克思主义中国化，是解决中国实际问题的迫切需要。这是马克思主义中国化时代化的内在逻辑。马克思主义作为科学真理，虽然具有普遍的指导意义，但在应用到各国时，必须以各国当时的历史条件为转移，使之正确地适应于民族的和国家的差别。中国的具体国情既不同于欧洲各国，也不同于俄国。从时代来说，它一方面处在帝国主义和无产阶级革命的时代；但另一方面，中国又远远落后于时代的发展，处于生产力十分落后、半殖民地半封建的状态。同时，从实践上看，毛泽东之所以提出要实

---

[1] 《马克思恩格斯选集》第1卷，人民出版社2012年版，第404页。
[2] 《马克思恩格斯文集》第10卷，人民出版社2009年版，第354页。
[3] 《毛泽东著作专题摘编》（上），人民出版社2003年版，第64页。

历史自信
增强做中国人的志气、骨气和底气

现马克思主义的中国化，还源于对中国革命进程中正反两个方面实践经验的科学总结。在第一、第二次国内革命战争时期，我们党经历过两次胜利和两次失败。一方面，党创造性地把马克思主义的革命学说应用于中国实际，极大地推动了中国革命的发展。另一方面，在这一时期内，由于党对把马克思主义同中国实际相结合还不够自觉，也发生了严重失误。特别是1931年"左"倾路线开始在党内占主导地位，把马克思主义教条化、把共产国际决议和苏联经验神圣化，使中国革命遭受严重挫折，几乎陷入绝境。错误和挫折教育了党，使党认识到，要取得中国革命的胜利和成功，必须坚决反对教条主义和经验主义，从中国国情出发，把马克思主义基本原理与中国具体实际密切结合起来，推动马克思主义中国化时代化，不断实现理论上的创新。正是这个结合，让马克思主义真理在中国土地上大放异彩。"枪杆子里面出政权""土地革命""农村包围城市""星星之火，可以燎原"等革命方针，"建立抗日民族统一战线""抗日战争是持久战"等策略论断，中华人民共和国成立后对新政权建设理论、执政党建设理论、城市工作理论方面的探索和实践，改革开放新时期"一个中心、两个基本点"的提出、社会主义本质和社会主义初级阶段的提出、改革开放基本国策的提出等，把马克思主义理论具体化为路线、纲领、方针、政策和办法，用以解决中国革命、建设和改革的实际问题，都是鲜明例证。由此，中国共产党在实践层面走出一条符合中国

第五章　用马克思主义之"矢"射新时代中国之"的"

实际的革命道路、开辟一条中国特色社会主义道路,正在新时代中国特色社会主义伟大征程中奋勇前进,并在理论层面先后形成一系列马克思主义中国化时代化的理论成果。

概而言之,马克思主义在同中国革命实际相结合的过程中解决了中国的问题,其成功中不仅仅蕴含中国的特殊规律,也必然包含一般性原理。毛泽东在其著作中精辟地阐述了这一一般性原理:"通过实践而发现真理,又通过实践而证实真理和发展真理。从感性认识而能动地发展到理性认识,又从理性认识而能动地指导革命实践,改造主观世界和客观世界。实践、认识、再实践、再认识,这种形式,循环往复以至无穷,而实践和认识之每一循环的内容,都比较地进到了高一级的程度。这就是辩证唯物论的全部认识论,这就是辩证唯物论的知行统一观。"① 中国共产党的理论创新丰富了马克思主义的理论宝库,对当代社会主义运动的发展具有普遍意义。

(二)把马克思主义基本原理同中华优秀传统文化相结合

马克思主义要在中国落地生根,牵涉到文化相遇的根本问题。马克思主义虽然来自西方,但与中华传统文化有许多相通之处,如唯物论、辩证法、民主主义、人道主义思想等。古代中国,一

---

① 《毛泽东选集》第1卷,人民出版社1991年版,第296—297页。

历史自信
增强做中国人的志气、骨气和底气

直以来都有着"天下为公"的理想社会追求、以家国天下为己任的情怀，都使得中华优秀传统文化与马克思主义、社会主义之间具有了天然的联系和亲和性，成了马克思主义与中华优秀传统文化可以结合的基础。中国先进知识分子在马克思主义的早期传播中有一个值得重视的、宝贵的辩证取向：他们一方面抛弃和深刻批判中国的封建文化，确立和坚定了马克思主义信仰；另一方面又敢于肯定和继承中华优秀传统文化，并力图将其同马克思主义结合起来。陈独秀、李大钊、毛泽东等均是典型代表。李大钊认为东方文明是"静"的文明，西方文明是"动"的文明，东方文明应该吸收西方文明的优长"以创造新生命，而演进于无疆"。李大钊等中国先进知识分子的这种价值取向，实际上是激活了中华优秀传统文化以"和"为首要价值，以道德教化为基本手段，以防御分裂和入侵为基本保障，以"协和万邦"为最高目标的"和"的中华传统文化历史基因，使之最终汇聚成马克思主义中国化理论成果的浩瀚无垠的大海。当然，在方法路径上，以毛泽东同志为主要代表的中国共产党人走的绝不是把马克思主义的经典浓缩后灌输给大众的路子，而是把马克思主义的精髓要义用中国人的练达之语表述出来，犹如挖掘出中华优秀传统文化的金矿，再注之以马克思主义的魂魄，使其成为打开中国人精神心灵的金钥匙。在这方面，毛泽东堪称典范，他用"实事求是""一分为二""群众路线""独立自主""调查研究""解剖麻雀"等生动鲜活的

第五章　用马克思主义之"矢"射新时代中国之"的"

中国语言，来表达马克思主义的唯物论、辩证法和唯物史观，十分有利于中国人民理解接受，完成了马克思主义中国化最艰难的世界观和方法论的基本架构。从此之后，中国共产党人就可以直接方便地运用马克思主义基本原理来解决中国革命和建设的问题。从更为宏阔的视野来看，这一结合不仅为中国共产党创造出了契合自身实践的指导思想，还顺利地推动中华民族完成了传统文化的现代转型。党的十八大以来，以习近平同志为核心的党中央积极吸收中华优秀传统文化中"讲仁爱、重民本、守诚信、崇正义、尚和合、求大同"的思想精髓，以去其糟粕、取其精华、古为今用、推陈出新的扬弃态度批判性传承中华传统文化，让其在马克思主义真理之光的淬炼下迸发出新的强大生命力。《决议》指出："党的十八大以来，我国意识形态领域形势发生全局性、根本性转变，全党全国各族人民文化自信明显增强，全社会凝聚力和向心力极大提升，为新时代开创党和国家事业新局面提供了坚强思想保证和强大精神力量。"[①] 从中可以看到，中华优秀传统文化中的家国情怀观、社会本位观和立心立命立身之本等思想，与社会主义和共产主义的宏伟目标同频共振，在新时代实现了前所未有的社会动员，创造了举世瞩目的社会发展奇迹。

需要重点指出的是，把马克思主义中国化时代化，除了深刻

---

① 《〈中共中央关于党的百年奋斗重大成就和历史经验的决议〉辅导读本》，人民出版社2021年版，第57页。

历史自信
增强做中国人的志气、骨气和底气

认识中国国情和深谙中华优秀传统文化外,还在于深刻地掌握马克思主义的魂魄和精髓要义。《共产党宣言》是国际共产主义运动的第一纲领性文献,是马克思主义诞生的标志。《共产党宣言》篇幅不长,但其威力却犹如"精神原子弹",一经问世,就震撼了整个世界。1939年底,毛泽东在延安对一位进马克思列宁主义学院学习的同志说:"马列主义的书要经常读。《共产党宣言》,我看了不下一百遍,遇到问题,我就翻阅马克思的《共产党宣言》,有时只阅读一两段,有时全篇都读,每读一次,我都有新的启发。我写《新民主主义论》时,《共产党宣言》就翻阅过多次。"[1]毛泽东重视用马克思主义理论武装全党,认为"如果我们党有一百个至二百个系统地而不是零碎地、实际地而不是空洞地学会了马克思列宁主义的同志,就会大大地提高我们党的战斗力量"[2]。在党的六届六中全会上,毛泽东向全党发出了开展马克思主义学习竞赛的号召,并组织力量大量翻译马列著作,为领导干部学习提供资料。在党的七届二中全会上,他列出了12本马恩列斯著作,亲自写上"干部必读"四个字。这12本著作,在很长一段时期内一直是干部学习马克思列宁主义理论的必读教材。1963年,毛泽东再次提高读经典著作的标准,提出高级干部要读30本马克思列宁主义著作。可以说,毛泽东一生学马克思列宁主义,一

---

[1] 《习近平讲故事》,人民出版社2017年版,第126页。
[2] 《毛泽东选集》第2卷,人民出版社1991年版,第533页。

生倡导全党学马克思列宁主义。《共产党宣言》及其他马克思列宁主义经典是一个内容丰富的理论体系宝库，值得一代又一代中国共产党人反复学习、深入研究，不断从中汲取思想营养。党的十八大以来，中央政治局集体学习多次以马克思主义为题，先后学习了历史唯物主义、辩证唯物主义、马克思主义政治经济学的基本原理和方法论。2018年4月23日，十九届中央政治局举行第五次集体学习，学习内容是《共产党宣言》及其时代意义。这次中央政治局集体学习《共产党宣言》，目的是通过重温经典，感悟马克思主义的真理力量，坚定马克思主义信仰，追溯马克思主义政党保持先进性和纯洁性的理论源头，提高全党运用马克思主义基本原理解决当代中国实际问题的能力和水平。而所有这一切，都为党的创新理论的诞生和发展提供了必要的准备。

总之，马克思主义中国化时代化是一种理论与实践的双向运动。它既是在实践中学习理论，运用理论指导实践的过程，又是总结实践经验以深化对事物的认识并丰富和发展理论的过程。中国社会实践提供了马克思主义成长的中国场域，具有鲜明民族特色的中华优秀传统文化为理论创新提供了极为富足的矿源，有力地促进了中国共产党人立足中国国情的一系列革命和建设规律的探索。同时，特殊性又为普遍性开拓了道路，富有民族特色的中国化时代化马克思主义理论成果丰富了马克思主义理论宝库，对当代社会主义运动蓬勃发展具有普遍意义。

四、开辟马克思主义中国化时代化新境界

蝉蜕龙变，金丹换骨，百年发展，百年辉煌。马克思主义中国化时代化充分展示出认识世界和改造世界的巨大威力，充分呈现真理力量和实践力量的强大魅力。习近平总书记指出："历史和人民选择马克思主义是完全正确的，中国共产党把马克思主义写在自己的旗帜上是完全正确的，坚持马克思主义基本原理同中国具体实际相结合，不断推进马克思主义中国化时代化是完全正确的！"①

第一，坚持人民至上，创新发展。中国共产党的初心使命就是为中国人民谋幸福、为中华民族谋复兴、为世界谋大同。人民群众的伟大实践贯穿着马克思主义中国化时代化的历史全过程，革命时期人民群众倾其所有支援革命战争，建设时期人民群众不畏辛劳使中国换新颜，因此，代表最广大人民群众的根本利益，正是马克思主义中国化时代化的立足点。毛泽东借用司马迁"人固有一死，或重于泰山，或轻于鸿毛"的名言，作了无产阶级革命情怀的阐释"为人民利益而死，就比泰山还重；替法西斯卖力，替剥削人民和压迫人民的人去死，就比鸿毛还轻"②。由此形成了

---

① 习近平：《在纪念马克思诞辰200周年大会上的讲话》，人民出版社2018年版，第14—15页。
② 《毛泽东选集》第3卷，人民出版社1991年版，第1004页。

无产阶级革命者的生死观和家国情怀,毛泽东将其称为为人民服务,这是毛泽东思想中的坚定的人民立场;邓小平说"我是中国人民的儿子,我深情地爱着我的祖国和人民",习近平总书记的"我将无我,不负人民"发自肺腑、照耀汗青,这是邓小平理论、习近平新时代中国特色社会主义思想中的坚定的人民立场,也是不断开辟马克思主义新境界的基本立场。

第二,坚持自信自立,创新发展。中华优秀传统文化讲究社会本位观,集体、大众、民族、国家在中国人心目中有至高的地位。所以,"天下兴亡,匹夫有责"的呼喊,能够引起全民族的共鸣;"人生自古谁无死,留取丹心照汗青"的献身精神等均潜移默化地影响着中国人的思维方式和行为方式,这是我们在世界文化激荡中站稳脚跟的精神根基。中国共产党人一直在用自己的创新理论来传承和弘扬这种价值观和人格操守,并且在此基础上生成了革命文化和社会主义先进文化。其中,伟大建党精神、井冈山精神、长征精神、延安精神等,恰是马克思主义基本原理与中华优秀传统文化密切结合的宝贵结晶。站在新的历史方位上,我们要坚持对马克思主义的坚定信仰、对中国特色社会主义的坚定信念,坚定道路自信、理论自信、制度自信、文化自信,继续挖掘中华5000多年文明中的精华,把其中的精华同马克思主义的立场、观点、方法结合起来,以更加积极的历史担当和创造精神为发展马克思主义作出新的贡献,既不能刻舟求剑、封闭僵化,也不能照

历史自信
增强做中国人的志气、骨气和底气

搬照抄、食洋不化，丰富和发展更加具有中国特色、中国风格、中国气派的中国化时代化的马克思主义理论成果。

第三，坚持守正创新，创新发展。大浪淘沙始于真金璀璨。中国共产党是马克思主义的坚定信仰者和忠实维护者，是带领中国革命走向胜利的中坚力量，是中国特色社会主义事业的领导核心，在马克思主义中国化时代化这场只有进行时、没有完成时的历史进程中，中国共产党是运用马克思主义结合中国实际，解决中国问题的实践主导，而这里所讲的主导具体指中国共产党作为理论形态马克思主义的研究者、宣传者和运用者，作为实践形态的中国发展的领导者、承担者、践行者。第二个百年新征程的时代大幕已经拉开，迫切需要中国共产党人坚持在改革中守正创新、不断超越自己，在开放中博采众长、不断完善自己，回应时代，不断深化对共产党执政规律、社会主义建设规律、人类社会发展规律的认识，不断开辟马克思主义新境界。

第四，坚持问题导向，创新发展。实践的观点是马克思主义认识论的基本观点，实践性是马克思主义理论区别于其他理论的显著特征。从毛泽东思想、邓小平理论、"三个代表"重要思想、科学发展观到习近平新时代中国特色社会主义思想，中国共产党人根据世情、国情、党情发展的不同情况，将马克思主义这个"矢"，每一次都能准确射中正在不断变化的中国实际这个"的"，使马克思主义中国化时代化形成新的理论成果，并指导中国经济、政治、文化、社会、生态文明建设取得重大的胜利与辉煌。习近平总书记指出:"当前,改革发展稳定任务之重、矛盾风险挑战之多、治国理政考验之大都是前所未有的。我们要赢得优势、赢得主动、赢得未来,必须不断提高运用马克思主义分析和解决实际问题的能力,不断提高运用科学理论指导我们应对重大挑战、抵御重大风险、克服重大阻力、化解重大矛盾、解决重大问题的能力,以更宽广的视野、更长远的眼光来思考把握未来发展面临的一系列重大问题,不断坚定马克思主义信仰和共产主义理想。"①从而科学回答时代之问,形成新的理论成果,战胜前进道路上各种各样的"拦路虎""绊脚石",创造出无愧于时代的新业绩。

第五,坚持系统观念,创新发展。万事万物是相互联系、相互依存的。只有用普遍联系的、全面系统的、发展变化的观点观察事物,才能把握事物发展规律。我国是一个发展中大国,仍处于社会主义初级阶段,正在经历广泛而深刻的社会变革,推进改革发展、调整利益关系往往牵一发而动全身。我们要善于通过历史看现实、透过现象看本质,把握好全局和局部、当前和长远、宏观和微观、主要矛盾和次要矛盾、特殊和一般的关系,不断提高战略思维、历史思维、辩证思维、系统思维、创新思维、法治思维、底线思维能力,为前瞻性思考、全局性谋划、整体性推进

---

① 习近平:《在纪念马克思诞辰200周年大会上的讲话》,人民出版社2018年版,第24—25页。

党和国家各项事业提供科学思想方法。

第六，坚持胸怀天下，创新发展。中国共产党是为中国人民谋幸福、为中华民族谋复兴的党，也是为人类谋进步、为世界谋大同的党。我们要拓展世界眼光，深刻洞察人类发展进步潮流，积极回应各国人民普遍关切，为解决人类面临的共同问题作出贡献，以海纳百川的宽阔胸襟借鉴吸收人类一切优秀文明成果，推动建设更加美好的世界。

马克思主义中国化时代化从性质上讲是一个政治问题、理论问题，但从其本质上讲是一个实践问题，真实而客观地映照于中国历史演进和社会发展的画卷之中。马克思主义中国化时代化是中国过去、现在和未来发展的客观要求，内在地决定了中国前进的方向、趋势和进程。马克思主义是真理，中国化是智慧，马克思主义与中国化、时代化的有机统一就是力量。中国共产党是中国特色社会主义建设的领导核心，人民群众是重要依靠力量，将党的主导力量和人民群众的主体力量有机结合起来，才是实现马克思主义中国化时代化从梦想到现实、从理论到实践的正确之道。这是坚定历史自信的理论基础。

第六章

正确的道路从哪里来？从人民群众中来

中华民族素有"循民本""重民生"的文化传统。民本就是以民为本，是中国古代倡导的根本从政价值观。传统民本思想总体上是不断丰富的、完善的，对中华文明的发展具有至关重要的作用。中国共产党使中华民族传统民本思想摆脱了开明的统治策略印记，拥有了为中国人民谋幸福、为中华民族谋复兴、为世界谋大同的真理性标识，尤其是习近平总书记"以人民为中心"的人民观在经济、政治、文化、社会、生态、党的建设等各个层面都实现了对传统民本思想系统性、全方位的超越，将中华传统民本思想推送至新时代新高度。

历史自信
增强做中国人的志气、骨气和底气

一、中国传统民本思想

中国传统民本思想是由一系列涉及君、国、民的命题组合而成的,其中绝大多数又是以君民关系的形式来表达的,所以传统民本思想实际上是君民关系论,主要表现为重民、贵民、安民、恤民、爱民等方面。这一思想影响中国人逐渐形成了天人合一、人源于自然而又高于自然、人是具有特殊灵性的社会存在物的观念。

(一)中国传统民本思想的由来

"民本"一词源于《尚书》中记载的夏朝第三个后(夏称帝为后)太康的故事。"五帝"时舜禅位给治水有功的大禹,禹本身由民而君,但他传位给儿子启,开始了家天下的夏朝。启死后传子太康,太康得位于世袭,不是来自"民",不知爱惜"民",他的弟弟就作《五子之歌》劝诫他说:"民惟邦本,本固邦宁。"其基本含义就是民为国家社稷的基础,治民是君主政治之本,能否安定民生关系国家的兴亡和政治的兴衰,这应该是传统民本思想的最核心内容。

在西周时期,西周统治者总结殷商灭亡的教训,提出"敬德保民"的思想。这一思想的产生源于周公等人在辅佐武王灭商的过程中,看到了人民的力量,故在《周书》中提出了为政"当于民监""明德慎罚"的主张,进一步确立了人在自然、社会中的核心和主体地位。春秋战国时期百家争鸣，对待人民的态度问题是其中一个基本的议题。孔子、孟子、荀子都认为统治者只有赢得民心才能得到天下，因此必须爱民、顺民、安民、利民，在这一时期这一思想逐渐走向成熟，但定型于汉代时期。此后历朝历代虽对此思想有所丰富、发展和改变，然而其思想内核始终没有变化。明末清初著名思想家黄宗羲在其所著的《明夷待访录》中阐述了这一民本思想，使其进一步体系化。

（二）中国传统民本思想的主要内容

民惟邦本。最早对这一思想进行明确阐述的是孟子，在《孟子·尽心》中有论述"民为贵，社稷次之，君为轻"。之后，荀子提出"天之生民，非为君也。天之立君，以为民也"。西汉前期著名政治思想家贾谊提出"闻之于政也，民无不为本也。国以为本，君以为本，吏以为本"。从中可以看出，民众为治国安邦之本是中国传统民本思想的基本内涵。唐代思想家柳宗元从吏民关系的角度，认为官吏本来应当是"民"的"佣"。唐太宗李世民明确指出："君依于国，国依于民。"这也表明国家体系的构建、社会政治稳定最终取决于民心。

爱民恤民。孔子曰："仁者，爱人。"就是说自己怎样对待自己，也应该怎样对待别人，这是孔子仁政思想的出发点。孔子又曰："道千乘之国，敬事而信，节用而爱人，使民以时。"劝谏统治者爱民、养民，让老百姓服劳役，要在农闲时节进行，以保证有足够的劳动力投入农业生产，不误农时。孟子曰："有不忍人之心，斯有不忍人之政矣。"这种"不忍人之心"，即对别人不幸的同情心，与孔子的仁者爱人思想殊途同归。荀子曰："足国之道，节用裕民，而善臧其余。节用以礼，裕民以政。彼裕民，故多余。裕民则民富，民富则田肥以易，田肥以易则出实百倍。"这一论述进一步表明使国家富足的办法就是使民富，人民富则国家富。

顺应民心。春秋战国时期，人们普遍把政权转移的根本原因归之于得民心与失民心。孟子曰："得其民有道，得其心，斯得民矣。"《贞观政要·俭约》中记载，唐太宗及其辅臣关于解决君欲与民欲矛盾的方法就是君主"节己以顺人"，千万不能"损百姓以适其欲"。宋代程颐的《代吕晦叔应诏疏》中记载："为政之道，以顺民心为本，以厚民生为本，以安而不扰为本。"这一论述指明要巩固统治，必须顺民心、重民生，使民众生活宽裕，同时给民众以安定的政治环境。

不竭民力。《论语·学而》中记载的孔子讲的"使民以时"，就是强调役使百姓要按照农时耕作与收获，不能违背农时毫无限制地向百姓征收。《荀子·富国》里写道："下贫则上贫，上富则下富。"这说明如果不顾下面的实际情况，一味搜刮，这叫"伐其本，竭其源"，结果是"将以求富而丧其国，将以求利而危其身"。中国古代"盛世"均与惠民政策紧密相关，如汉文帝刘恒，推行"休养生息"政策,前后两次下令减税,甚至10多年不征收田租。文帝嫡长子景帝刘启继位后,非常注重农业,他认为黄金珠玉虽是贵重,但饥不可食、寒不可衣,没有谷物和丝麻实用,因此他劝民农桑,使得当时的社会经济空前繁荣。这就是历史上的"文景之治"。唐太宗李世民善于以史为鉴,在施政上广开言路,选用贤能,以魏徵为代表的一批忠正官员的合理化建议得到采纳,治理制度得到完善,经济空前繁荣,史称"贞观之治"。

（三）中国传统民本思想的主要价值功能

传统民本思想虽然存在很大局限性,但闪烁着朴素历史唯物主义的光芒,其中蕴含的民本、贵民、富民、教民、顺民等思想,可谓传统民本思想的精华,将人的生命存在从神的束缚中解放出来,肯定人在宇宙中的中心地位。其重要价值集中表现为推动德治的发展、重视民众的社会地位、与尊君思想相互补充等。

推动德治的发展,蕴含"间接民享"旨意。从一定意义上讲,传统民本思想并没有演化成一套相应的政治制度,具有较大的主观性。因此,它的真正推行不是靠制度而是主要靠统治者的德政,即必须祈求圣君贤相当政,才能被落到实处。《尚书·康诰》中的许多记载表明,周公深知殷商之鉴,努力安民保民,实施德政。像"文景之治""贞观之治""康乾盛世"等繁荣时期,都是民本思想与君主德治相互配合、相互作用的结果。相反,如果遇到昏君执政，奸臣当道，虽然思想家竭力反对"霸道"，民本思想自然也不会落到实处，百姓就会处于水深火热之中。考察中国几千年的封建统治，总是逃脱不了治乱循环往复的悲剧性历史命运，这与民本思想过分依赖德治、缺乏制度保障是分不开的。

重视民众的社会地位，蕴含"间接民治"旨意。传统民本思想的本质在于保土安民、巩固王权。因此，满足民众的物质生活不仅事关个人的生存状态，也极大影响着社会的和谐稳定。考察封建社会的历史进程，可以从中发现一个有趣的现象：民本思想，作为封建专制的对立面，自觉地对君主专制制度的狭隘、封闭和非理性等方面进行调节，从而在协调统治阶级内部各种利益关系、维护统治秩序方面发挥了一定的功效。

与尊君思想相互补充，蕴含"间接民有"旨意。中国传统的农业社会是由一盘散沙式的农业村落和城镇组成，以自给自足的自然经济为主，缺乏商品交换和商品流通，这就决定了这个"大一统"的国家无法用商品交换的纽带来维系，只能依靠政治上的君主专制来维持。这样，在中国古代的政治体制中便形成了"尊君—民本"所构成的一体两翼的共存形态：一方面，民本思想与尊君思想相对抗；另一方面，民本思想与尊君思想相互补充，构成所谓"明君论"。当然，重民生、恤民力、顺民意体现的是统治者对民众的恩赐施舍，是君主暂时的、有限的利益让步，其目的是谋取自身利益的最大化，巩固专制统治。也就是说，民本理念再好，主动权却始终掌握在君主手里。有意思的是，传统民本思想不仅没有站在君主专制的对立面，反而助推着专制国家机器的运行。

概而言之，受制于历史环境和阶级立场，传统民本思想内生着无法避免的巩固专制统治的历史局限。但值得肯定的是，在中国封建社会的长期历史中，传统民本思想也在肯定民众的生命价值、社会地位和约束专制制度等方面发挥了重要的历史作用。自鸦片战争以来，一些救亡图存的仁人志士提出了更为先进的民本思想，也在一定程度上实施了这些思想，但遗憾的是，最后都没有避免失败的历史命运。

二、识变：中国共产党人民中心论的历史沿革

1921年以后，历代中国共产党人站在历史唯物主义的角度，以马克思主义为指导，并结合中国革命和建设的具体实践，对传统民本思想所依赖的私有制度进行彻底变革后，赋予传统民本思想以科学性和人民性，实现了传统民本思想到人民中心论的现代转型。

对于社会主义国家来讲，什么是人民？一般来讲，结合中国特色社会主义发展实际，可以从三个层次来理解"人民"：一是从宏观层面上看，人民是一个整体，是推动社会历史发展的主体和根本动力。这指的是全体人民，而不是一个个单一的个人。二

是从中观层面上看，一定要从人们的相互关系中去理解。"人民"由不同的社会群体构成，群体是"人民"活动的场域，脱离了群体，单一个人是不可能生存下去的。三是从微观层面上看，人民就是一个个有血有肉的生命个体，如果没有一个个具体的个人，所谓的"人民"就是空的。由此可见，要理解"人民"，需要从人民整体、人民群体、人民个体三个层面去考量。三个层面既要区分，又要联系。"人民"整体如果不能化为个人和群体，就会成为空灵的整体。"人民"个体如果不能集合为人民群体或"人民"整体，就会成为乌合之众。综合三个层面要义，人民在我国现阶段，包括工人、农民、知识分子和其他的社会主义劳动者、社会主义建设者、拥护社会主义的爱国者、拥护祖国统一的爱国者。

中国共产党的人民中心论贯穿于100多年的奋斗历史，同时也是中国共产党人从奋斗实践中孕育出的包括毛泽东思想、邓小平理论、"三个代表"重要思想、科学发展观、习近平新时代中国特色社会主义思想的核心内容与灵魂所在。这不仅是对传统民本思想的积极方面的忠实继承，也体现了马克思主义在中国具体实践中的强大生命力。中国共产党人民中心论按其发展历程所呈现出来的关键词大致可分为"革命为民""改革为民""执政为民""发展为民""以人民为中心"五个发展阶段。

"革命为民"。新民主主义革命时期，以毛泽东同志为主要代表的中国共产党人领导中国人民浴血奋战、百折不挠，取得了新民主主义革命的胜利，成立了中华人民共和国。中国共产党紧紧依靠人民的力量完成了三大改造，在1956年建立了社会主义制度。其中，正如毛泽东所说："人民，只有人民，才是创造世界历史的动力。"[①]正是中国人民的坚定支持与踊跃参与，才使得中国革命的前途是真正光明的。"革命为民"为凝聚中国人民推翻反动统治、加强党的建设提高自身素质建立了不可磨灭的历史功勋。或者说，没有中国共产党当时无私地"革命为民"，也许今天的中华民族可能还在黑暗中摸索。

"改革为民"。马克思主义认为，生产力决定生产关系，生产关系反作用于生产力。党的十一届三中全会后，以邓小平同志为主要代表的中国共产党人领导全国人民实行改革开放，在全新的历史起点将马克思主义基本原理与中国社会建设的新实践相结合，孕育出马克思主义在中国特色社会主义发展阶段的开创性成果——邓小平理论。在邓小平理论的指导下，中国共产党确立了社会主义初级阶段路线，并由此开启了"改革为民"的中国特色社会主义建设之路。正是有了"改革为民"的立场导向，有了人民群众改革创业、勇往直前的社会主义主人翁精神，社会主义现代化建设事业的接续发展才有了根本立足点。40多年的"改革为民"，深受广大人民群众的拥护，为国家发展和人民生活改善作

---

① 《毛泽东选集》第3卷，人民出版社1991年版，第1031页。

出了巨大贡献,被称为中国的"第二次革命"。

"执政为民"。所谓执政为民,指的是党或党的成员在执政过程中,都要做到一切为了人民,一切依靠人民,并以此作为行动的最高价值和最高准则。党的十三届四中全会后,以江泽民同志为主要代表的中国共产党人将马克思主义落实到应对新世纪的中国特色社会主义伟大事业之中,并逐步形成了"三个代表"重要思想,其中的重要观点之一就是"执政为民"。"执政为民"是党不可动摇的政治立场,是保持党的先进性和纯洁性的必然要求,是巩固党的执政地位的坚实基础。"执政为民"正是通过科学执政、民主执政、依法执政来实现这一目标。当然,代表中国最广大人民的根本利益,才能把"执政为民"的根本要求进一步落到实处。

"发展为民"。进入21世纪以来,国内国际环境面临更大的挑战,在如此艰难的背景下,中国共产党人将马克思主义同我国基本情况相结合、同中华优秀传统文化相结合,逐渐形成一套崭新理论体系——科学发展观,明确了"以人为本"是中国共产党领导中国特色社会主义事业发展的核心立场。"发展为民",从党的建设视角来看,既是党的执政理念成熟的表现,也是党的宗旨内涵创新发展的结果。"发展为民"做到发展为了人民、发展依靠人民、发展成果由人民共享。其中,构建社会主义和谐社会等治国新理念不仅是对"发展为民"执政理念的深刻阐释,也是对"发展为民"价值取向的科学发展。从实践上看，通过自改革开放以来的不懈努力，我国社会生产力与人民生活水平都显著提高，为中国特色社会主义发展提供了不竭的动力，使新世纪的中国朝着更加和谐、更加均衡、更加协调的方向前进。

"以人民为中心"。党的十八大以来，中国特色社会主义进入了新时代。以习近平同志为核心的党中央面对新形势新局面新问题，明确提出了以人民为中心的发展思想。这一思想坚持和发展了马克思主义唯物史观，是中国共产党全心全意为人民服务的根本宗旨在新时代历史条件下的最新表达。基本内涵包括相互关联的三个方面：发展为了人民、发展依靠人民、发展成果由人民共享的重大理论问题。这就从基本原则上确立了中国特色社会主义道路的发展目的、发展动力和发展效果。以人民为中心体现了习近平新时代中国特色社会主义思想的灵魂与精髓所在。

"淮海战役的胜利，是人民群众用小车推出来的。"为什么陈毅会有如此动情之语？有人推算，如果将当年的运粮小车排成五行，可以从北京一直排到南京。实践证明，我们党也正是以人民幸福为念，以人民群众利益至上，才赢得了人民的支持和信任。

三、应变：中国共产党人民中心论的实践进路

"在湖南汝城县沙洲村，三名女红军借宿徐解秀老人家中，

临走时,把自己仅有的一床被子剪下一半给老人留下了。老人说,什么是共产党?共产党就是自己有一条被子,也要剪下半条给老百姓的人。"①在发展目的上坚持发展为了人民,是中国共产党的根本价值立场和价值取向,也是建设中国特色社会主义的实践进路。习近平总书记多次指出:"带领人民创造幸福生活,是我们党始终不渝的奋斗目标。"②

(一)合理分配:经济领域人民中心论的基本经验

在经济领域,中国共产党始终把人民权益放在国家发展目标的首位,并着力提升人民幸福感、获得感和安全感。新民主主义革命时期,中国共产党通过制定"没收封建地主阶级的土地归农民所有,没收官僚资产阶级的垄断资本归新民主主义的国家所有,保护民族工商业"的新民主主义的经济纲领,确保了农民阶级的基本利益和生活保障。中华人民共和国成立后,党又在马克思列宁主义关于过渡时期理论的指导下,依据中国的具体情况,适时制定了党在过渡时期的总路线。1956年底,我国对农业、手工业和资本主义工商业的社会主义改造基本完成,我国社会经济结构发生了根本变化,社会主义经济成分已占有绝对优势,社会主义公有制已成为我国社会的经济基础,所以当时以按劳分配为主体

---

① 《十八大以来重要文献选编》(下),中央文献出版社2018年版,第399页。
② 《习近平谈治国理政》第2卷,外文出版社2017年版,第40页。

的积极分配政策是中国共产党在经济领域坚持以人民为中心原则的重要体现。改革开放后，党中央巩固和发展公有制经济、支持和引导非公有制经济。这一举措破除了以传统生产关系为社会基本属性的片面决定论，对于推动我国经济发展过程中的资本流动、技术革新、管理进步具有极为重要的发展性意义。中国特色社会主义进入新时代，党中央构建正确处理效率和公平的关系，构建初次分配、再分配、三次分配协调配套的基础性制度安排，加大税收、社保、转移支付等调节力度并提高精准性，扩大中等收入群体比重，增加低收入群体收入，合理调节高收入，取缔非法收入，形成中间大、两头小的橄榄型分配结构，促进社会公平正义，促进人的全面发展，使全体人民朝着共同富裕目标扎实迈进。同时，在某些西方国家着力宣扬本国中心主义、贸易保护主义与中国威胁论的当下，中国共产党始终坚持全球化与多边主义的发展方向，努力将中国发展的红利继续分给全世界，并为全世界尤其是欠发达国家提供必要的基础设施建设方面的支持，提供其发展所必需的公共产品，这一做法也是人民中心论的践行在国际领域的进一步升华与深化。

总之，中国特色社会主义经济发展道路以共同富裕为目标，有着重视共富共享、重责任、重和合的共同体鲜明特征，这不仅是社会主义的本质要求，而且与中华文明的大同本位及历史文化传统密切相关，体现了不同于西方的自由主义的经济逻辑：一是人类命运共同体本位。这不仅是马克思主义的一个目标，而且深受中华文化"天下大同"理念的影响。二是包容和合的混合经济传统。我国历史上有着经济主体包容共生的传统，"大一统"国家治理中不断完善的宏观调控体系，形成了政府与市场互补的历史经验。三是坚持党的集中统一领导与发挥各方面积极性相结合。中国经济改革始终坚持自上而下与自下而上、顶层设计与人民创新有效结合起来。把坚持党的领导与调动各方面积极性、维护党中央权威与发挥地方自主性统一起来，这也是"大一统"国家治理的一个显著特点。

（二）保障民主：政治领域人民中心论的基本经验

在政治领域，面对中国近代以来的严重内外危机，中国共产党同当时中国社会各界有识之士一道，共同探索着改变中国人民、中华民族生存境况的崭新的中国政治发展道路。新民主主义革命时期。党领导人民浴血奋战、百折不挠，创造了新民主主义革命的伟大成就。这一时期的标志性事件是新中国成立，中国人民站起来了。其间也有中国共产党局部执政的尝试和经验，如瑞金中华苏维埃共和国临时中央政府、延安时期特区政府建设等。社会主义革命和建设时期。在这个时期，以毛泽东同志为主要代表的中国共产党人提出关于社会主义建设的一系列重要思想。这一时期可以称为中国特色社会主义政治发展道路的初步探索时期。《中华人民共和国宪法》规定："中华人民共和国的一切权力属于人民。"

国家权力的这种人民性原则,是由人民作为一个整体力量根据法律的规定来掌握国家权力的,而不是一部分人的权力和事务,其整体性存在是基于人民的联合所形成,联合的基础是工农联盟,这个联盟是在工人阶级的先锋队——中国共产党的领导下凝聚而成的,中国共产党是创造人民联合和凝聚人民团结的领导力量。在现实性上,政治协商会议与民族区域自治制度也发挥了重要作用。这些政治制度和五四宪法是毛泽东留给我们的宝贵政治遗产,也是我们今天必须毫不动摇、必须坚持的政治遗产。1980年,邓小平发表了著名的《党和国家领导制度的改革》的讲话。在民主政治建设方面,废除了领导干部终身制,强调干部"四化",坚持四项基本原则为改革的根本遵循。20世纪90年代末,以江泽民同志为主要代表的中国共产党人与时俱进,形成了"三个代表"重要思想,建设高度发达的政治文明。党的十五大强调依法治国是治国的基本方略。以胡锦涛同志为主要代表的中国共产党人创立的科学发展观强调,社会主义民主政治的本质和核心是人民当家作主。发展社会主义民主政治,必须坚定不移地走中国特色社会主义政治发展道路,坚持党的领导、人民当家作主、依法治国的有机统一。党的十七大强调完善社会主义民主政治,突出权力在阳光下行使。一是坚持国家一切权力属于人民,扩大公民有序政治参与,保障人民的知情权、参与权、表达权和监督权;二是首次提出决策权、执行权、监督权相互制约,相互协调;三是首次提出逐步实现城乡按相同人口比例选举人大代表;四是首次提出健全基层党组织领导的充满活力的基层群众自治机制,扩大自治范围;五是首次提出党代表大会常任制,完善党的代表大会制度,实行党的代表大会代表任期制,选择一些县(市、区)试行党代表大会常任制。党的十八大以来,中国特色社会主义进入了新时代。习近平总书记关于社会主义民主的重要论述是结合新时代世情、国情和党情的新变化提出的,主要内容有四方面:一是加强党的全面领导。第一,强调中国共产党对中国特色社会主义政治发展道路的政治领导。第二,强调中国共产党对中国特色社会主义政治发展道路的思想引领。第三,强调中国共产党对中国特色社会主义政治发展道路的组织保障作用。二是推行全过程人民民主。中国特色社会主义政治发展道路不断完善的过程,在一定程度上就是全过程人民民主在实践过程中不断丰富、完善的过程。三是全面推进依法治国。中国特色社会主义法治是建立在民主基础上的,民主也内在地需要法治予以保障,这就要求把法治原则贯穿民主政治发展的全过程,贯穿我国政治发展道路的全过程。四是积极稳妥推进政治体制改革。我们党对政治体制进行改革,其目标就是要对现有政治体制中的不合理、不完善的部分进行调整和完善,从而完善社会主义政治制度,推动中国特色社会主义政治发展道路的完善。2018年,党的十九届三中全会作出党和国家机构改革的重大决议,掀起新一轮行政体制改革。总之,新时代中国特色社会主义政治发展道路初步形成,有比较稳定的制度支撑,彰显了制度自信。

总之,深深扎根于中华优秀传统政治文化土壤之中的中国特色社会主义政治发展道路,有着自身鲜明的特色和独特优势,主要体现为统一性,即体现为党的领导、人民当家作主和依法治国的有机统一。实践证明,中国特色社会主义政治发展道路是持续推动拥有14亿多人口大国进步和发展、确保拥有5000多年文明史的中华民族实现伟大复兴中国梦的根本保证。

(三)以我为主:文化领域人民中心论的基本经验

在文化领域,新民主主义革命时期,创立了新民主主义文化。新民主主义文化,就是无产阶级领导的人民大众的反帝反封建的文化,即民族的科学的大众的文化。在三大改造完成之后,中国共产党提出了"百花齐放、百家争鸣"这一促进我国社会主义文化繁荣的方针。毛泽东指出:"艺术上不同的形式和风格可以自由发展,科学上不同的学派可以自由争论。"[①]"双百方针"要求既要发展科学技术,又要满足人们的艺术文化娱乐需求。改革开放后,党坚持物质文明和精神文明一起抓、两手硬,大力倡导一切有利于发扬爱国主义、集体主义、社会主义的思想和精神,

---

① 《毛泽东文集》第7卷,人民出版社1999年版,第229页。

历 史 自 信
增强做中国人的志气、骨气和底气

大力倡导一切有利于改革开放和现代化建设的思想和精神，大力倡导一切有利于民族团结、社会进步、人民幸福的思想和精神，大力倡导一切用诚实劳动争取美好生活的思想和精神，牢牢把握先进文化的前进方向，振奋了民族精神，凝聚了民族力量。党的十八大以来，习近平总书记亲自谋划推动，接连在全国宣传思想工作会议和文艺工作、党的新闻舆论工作、网络安全和信息化工作、哲学社会科学工作座谈会以及全国高校思想政治工作会议上发表重要讲话，就意识形态领域一系列根本性问题阐明原则立场，廓清了理论是非，打赢了意识形态领域的重大政治斗争。党坚持以社会主义核心价值观引领文化建设，注重用社会主义先进文化、革命文化、中华优秀传统文化培根铸魂，广泛开展中国特色社会主义和中国梦宣传教育，推动理想信念教育常态化制度化，完善思想政治工作体系，建立健全党和国家功勋荣誉表彰制度，设立烈士纪念日，推动学习大国建设。党中央强调，中华优秀传统文化是中华民族的突出优势，是我们在世界文化激荡中站稳脚跟的根基，必须结合新的时代优势传承和弘扬好。这是党中央对中国特色社会主义文化发展的理论创新，为新时代中国特色社会主义文化建设指明了方向。近年来，热映电影《我和我的祖国》《长津湖》和热播电视剧《觉醒年代》《山海情》等主旋律作品成为观众首选，为新时代开创党和国家事业新局面提供了坚强思想保证和强大精神力量。这就在文化发展现实层面体现了中国共产党以人民为中心的强大生命力。

总之,随着信息化、智能化的发展,各种文明之间的相互交流、相互融合、相互建构不可避免。中国的文化发展必须以马克思主义为指导、守住中华优秀传统文化的历史根脉,以其他优秀文明成果为滋养,创造出新的更为优秀的文化成果,才能实现中国文化大发展大繁荣。

(四)治理有序:社会领域人民中心论的基本经验

在社会领域,在新民主主义革命时期及中华人民共和国成立初期,以毛泽东同志为主要代表的中国共产党人准确、深刻地分析了我国社会的基本矛盾与主要矛盾,将社会建设纳入社会主义改造的伟大革命之中。列宁说过:"判断历史的功绩,不是根据历史活动家没有提供现代所要求的东西,而是根据他们比他们的前辈提供了新的东西。"[①]邓小平曾经指出:"我们的社会主义改造是搞得成功的,很了不起。这是毛泽东同志对马克思列宁主义的一个重大贡献。"[②]改革开放新时期,从党的十一届三中全会以后,中国共产党人坚持从经济建设的角度发展社会主义社会并协调阶层关系,在人民生活水平提高中使社会阶层之间的联系更加紧密,使社会和谐程度较之以前有了大幅度的提升。2002年11月召开

---

① 《列宁全集》第2卷,人民出版社2013年版,第154页。
② 《邓小平文选》第2卷,人民出版社1994年版,第302页。

历史自信
增强做中国人的志气、骨气和底气

的党的十六大，江泽民在会上作了题为《全面建设小康社会，开创中国特色社会主义事业新局面》的报告，"全面建设小康社会"成为报告中最为亮眼的关键词，"财富"这个词第一次浓墨重彩地出现在中国共产党全国代表大会的报告中："放手让一切劳动、知识、技术、管理和资本的活力竞相迸发，让一切创造社会财富的源泉充分涌流，以造福于人民。"面对新情况新问题，胡锦涛指出："我们提出以人为本的根本含义，就是坚持全心全意为人民服务，立党为公、执政为民，始终把最广大人民的根本利益作为党和国家工作的根本出发点和落脚点，坚持尊重社会发展规律和尊重人民历史主体地位的一致性，坚持为崇高理想奋斗和为最广大人民谋利益的一致性，坚持完成党的各项工作和实现人民利益的一致性，坚持发展为了人民、发展依靠人民、发展成果由人民共享。"①构建社会主义和谐社会，我们既从"大社会"着眼，把和谐社会建设落实到包括经济建设、政治建设、文化建设、社会建设、生态文明建设和党的建设等在内的全部工作之中；又从"小社会"着手，以解决人民群众最关心最直接最现实的利益问题为重点，着力发展社会事业、促进社会公平正义、建设和谐文化、完善社会管理、增强社会创造活力，走共同富裕道路，推动社会建设与经济建设、政治建设、文化建设、生态文明建设协调发展。

---

① 《胡锦涛文选》第3卷，人民出版社2016年版，第4页。

中国特色社会主义进入新时代，中国共产党以人民为中心的人民导向在社会领域中的实践具有崭新的时代面貌与浓厚的实践内涵。第一，全面建成小康社会。全国 832 个贫困县全部摘帽，12.8 万个贫困村全部出列，近 1 亿农村贫困人口实现脱贫，提前 10 年实现联合国 2030 年可持续发展议程减贫目标，历史性地解决了绝对贫困问题，创造了人类减贫史上的奇迹。第二，建设高质量教育体系。必须优先发展教育事业，深化教育教学改革创新，办好人民满意的教育。第三，实施就业优先战略。健全有利于更充分更高质量就业的促进机制，扩大就业容量，提升就业质量，缓解结构性就业矛盾。第四，优化收入分配结构。构建初次分配、再分配、三次分配协调配套的基础性制度安排，调节过高收入，取缔非法收入，增加低收入者收入，稳步扩大中等收入者群体，促进社会公平正义，促进人的全面发展，使全体人民朝着共同富裕目标扎实迈进。第五，建成世界上规模最大的社会保障体系。据国家医保局公布的《2021 年全国医疗保障事业发展统计公报》所载数据显示，截至 2021 年底，10.28 亿人拥有基本养老保险，13.63 亿人拥有基本医疗保险。第六，全面推进健康中国建设。织牢国家公共卫生防护网，为人民提供全方位全生命周期健康服务。面对突如其来的新冠疫情，党中央果断决策，沉着应对，坚持人民至上、生命至上，在全球率先恢复经济社会发展，抗疫斗争取得重大战略成果，铸就了伟大抗疫精神。

总之，中国特色社会主义社会建设具有两方面的基本规定性，即中国特色和社会主义。之所以是中国特色，在于它植根于中华文明数千年连续发展的深厚土壤，立足于中国社会的基本特征和中国人民的普遍心理；之所以是社会主义，在于它始终坚持中国共产党的领导，坚持社会主义、共产主义的基本方向。中国特色社会主义社会建设将上述两方面规定性有机统一起来，因而具有深厚的历史文化根基和显著的独特优势。

（五）和谐共生：生态领域人民中心论的基本经验

在生态领域，中国共产党人经历了征服自然—环境保护—生态文明建设—生态文明新常态的重大转向，而这一转向的逻辑起点，就是以人民为中心的坚定立场。在中华人民共和国成立初期，由于物质基础薄弱，全国人民大力发展生产，取得了较大成就，但同时对生态环境造成了较为严重的破坏。针对这一问题，毛泽东指出："人类总是不断发展的，自然界也总是不断发展的，永远不会停止在一个水平上。"① 新中国成立后，毛泽东就号召"绿化祖国"。1956年，我国开始了第一个"12年绿化运动"。社会主义革命年代，毛泽东主张做好兴修水利工作，以促进粮食增产。社会主义建设年代，毛泽东针对水旱灾害，提出要根治淮河，在

---

① 《毛泽东文集》第8卷，人民出版社1999年版，第325页。

全国兴修水利工程。改革开放时期，社会主义市场经济的快速发展使得人与自然之间的矛盾越来越突出。邓小平早在党的十一届三中全会上，就明确强调要集中力量制定环境保护法、草原法、森林法等法规，以保障我国生态环境事业发展。同年，在第三次修订《中华人民共和国宪法》中，邓小平强调指出"国家保护环境和自然资源，防治污染和其他公害"，这就为进一步健全和完善我国的生态环境保护法律法规体系提供了宪法上的依据，1989年颁布了《中华人民共和国环境保护法》。江泽民始终重视人口、资源、环境工作，重视人与自然的和谐与协调，坚持走可持续发展道路。他指出："我们有十二亿多人口，资源相对不足，在发展进程中面临的人口资源环境的压力越来越大。我们绝不能走人口增长失控、过度消耗资源、破坏生态环境的发展道路，这样的发展不仅不能持久，而且最终会给我们带来难以解决的问题。我们既要保持经济持续快速健康发展的良好势头，又要抓紧解决人口资源环境工作面临的突出问题，着眼于未来，确保实现可持续发展的目标。"[①] 进入21世纪后，面对生态环境呈现出来的新特点，胡锦涛指出："实施可持续发展战略，促进人与自然的和谐，实现经济发展和人口、资源、环境相协调，坚持走生产发展、生活富裕、生态良好的文明发展道路，既是全面建设小康社会的必然

---

① 《江泽民论有中国特色社会主义（专题摘编）》，中央文献出版社2002年版，第283页。

要求，也是贯彻落实科学发展观的重要实践。"① 中国特色社会主义进入新时代，党从思想、法律、体制、组织、作风上全面发力使以人民为中心的实践在生态领域中具有崭新的时代面貌。第一，坚持人与自然和谐共生。人与自然是生命共同体。在整个发展过程中，要让群众望得见山、看得见水、记得住乡愁。第二，绿水青山就是金山银山。保护生态环境就是保护自然价值和增值自然资本，就是使绿水青山持续发挥生态效益和经济社会效益。第三，良好生态环境是最普惠的民生福祉。生态文明是人民群众共同参与共同建设共同享有的事业，使每个人都成为生态环境的保护者、建设者、受益者。第四，统筹山水林田湖草沙系统治理。人的命脉在田，田的命脉在水，水的命脉在山，山的命脉在土，土的命脉在林和草，这个生命共同体是人类生存发展的物质基础。第五，用最严格制度最严密法治保护生态环境。落实领导干部生态文明建设责任制，严格考核问责。第六，共谋全球生态文明建设。坚持环境友好，引导应对气候变化国际合作，推进"一带一路"建设，让生态文明的理念和实践造福沿线各国人民。习近平生态文明思想深刻回答了"为什么建设生态文明、建设什么样的生态文明、怎样建设生态文明"的重大理论和实践问题，为建设美丽中国、实现中华民族永续发展提供了根本遵循和行动指南。

---

① 《胡锦涛文选》第2卷，人民出版社2016年版，第183页。

总之，100多年来，中国总体上实现了更高的资源与环境保护效率，这是新时代中国特色社会主义生态文明建设的重要历史文化根基，也是助力我们建设美丽中国、继而为全人类贡献中国智慧的独特优势。

四、求变：中国共产党人民中心论的评判标准

新时代新征程，坚持发展成果由人民共享，必须坚持人民至上立场不动摇，以实现人民利益为价值旨归、以符合"全过程人民民主"为价值真谛、以本国和各国人民福祉的有机统一为价值导向，夯实党的执政基础。

（一）以实现人民利益为价值旨归

"我们党来自人民、植根人民、服务人民，一旦脱离群众，就会失去生命力。"[1] 党的一切工作，必须以最广大人民的根本利益为最高标准。检验我们一切工作的成效，最终都要看人民是否真正得到了实惠，人民生活是否真正得到了改善，人民权益是否真正得到了保障。面对人民过上更好生活的新期待，我们不能有丝毫自满和懈怠，要使发展成果更多更公平惠及全体人民，朝着

---

[1] 《习近平谈治国理政》第3卷，外文出版社2020年版，第135页。

共同富裕方向稳步前进。

当前，中国社会的主要矛盾已经转化为人民日益增长的美好生活需要和不平衡不充分的发展之间的矛盾，人民在各个方面都生发出了更高的需求和要求。习近平总书记强调，要"努力抓好保障和改善民生各项工作，不断增强人民的获得感、幸福感、安全感"①。党的一切工作，必须以最广大人民的根本利益为最高标准。对各级党员干部来说，执政为民始终是马克思主义政党的最大政德。对百姓而言，衡量党性的纯洁度、评价党员干部的好与坏，尺子永远只有一把，就是百姓的生活能否切实得到改善，人民的幸福指数能否稳步提升。我们应当以民生难点和重点为抓手，多管齐下补齐民生发展短板。从人民立场谋划发展，要求我们党把人民群众的需求和要求作为制定路线、方针、政策的根本动机和依据，让发展方向和发展道路符合最广大人民群众的利益和愿望，使党和人民同向而行。从人民立场办好实事，就是要把人民群众的小事当作自己的大事，多为人民办实事、办好事、办成事，真正把事情办到位，让人民看到实效，获得实实在在的利益。从人民立场协调利益，必须在调整利益分配格局时实现和维护最广大人民群众的根本利益，减少不同利益群体之间的不公平感，兼顾不同方面群众的利益，高度重视和维护人民群众最关切的利益，

---

① 《十九大以来重要文献选编》（上），中央文献出版社2019年版，第86页。

坚决纠正各种损害群众利益的行为。实现共享发展，是社会主义区别以往社会制度的本质要求，这也是衡量改革发展是否成功的重要标准。

这就需要中国共产党人，第一，调研为要。要通过广泛的调查研究，深入基层一线，倾听民声，了解民意，体察民情，了解人民群众的所需所急所盼。第二，实干为要。需要弘扬实干精神、钉钉子精神、艰苦奋斗精神，锲而不舍、常抓不懈、久久为功。第三，抓住关键环节为要。"针对群众最关切的就业、教育、医疗、住房、养老、脱贫等问题发力"[①]。第四，以解决问题为要。针对群众反映的问题，党员干部要从关键和突出问题着手，善于引导群众自治的同时，提升解决问题的能力。第五，提升信息化智能化能力为要。通过互联网、移动终端走进群众、深入群众，收集信息，更好回应人民群众的关切，为群众排忧解难。只有这样，我们党在人民群众中才有威信，才能为贯彻和践行以人民为中心的发展思想奠定坚实的基础。

（二）以符合全过程人民民主为价值真谛

民主制度，天下公理。实施全过程人民民主，让人民永远在场是我们做好一切工作的价值真谛。无论是制定政策、出台规范，

---

① 《习近平谈治国理政》第2卷，外文出版社2017年版，第363页。

还是评选评比、考核表彰，都要注重群众评价，增加群众的话语权、评判权，不能关起门来搞自我评价、自我认可。2019年，习近平总书记在上海考察时深刻指出，人民民主是一种全过程的民主，所有的重大立法决策都是依照程序、经过民主酝酿，通过科学决策、民主决策产生的。全过程人民民主主要体现为三个方面：一是参与的主体"全"。不分民族、种族、性别、职业、家庭出身、宗教信仰、教育程度、财产状况，是全链条、全方位、全覆盖的民主。二是参与的内容"全"。民众的参与应贯通选举、决策、管理、监督等内容，非局部、零散和碎片化参与。三是回应性"全"。能够有效回应人民的现实诉求，解决人民面临的现实问题，具体、现实地体现到人民对自身利益的实现和发展上来。不搞形式主义，不搞政治戏剧，不追求表面上的华丽和作秀。概而言之，全过程人民民主贯穿从选举、协商、决策、管理到监督的全过程，实现经济、政治、文化、社会、生态文明等内容的全覆盖。

落实全过程人民民主的过程，就是尊重人民主人翁地位，切实有效防止人民形式上有权、实际上无权的现象。一是"掌勺者"要专业，要科学，要有较高的德性修养，要尊重历史发展规律，尊重社会的自然秩序，尊重民心民意，能力素质水平要高；二要深入研究发展全过程民主需要解决的重大问题，有针对性提出举措和路径，以推动全过程人民民主全面深入持久地发展；三要提升发展全过程人民民主的信心和信念感；四要立体式全方位构建全过程人民民主的完整操作、运转体系，切实把民主制度的功能、优势、作用充分发挥出来；五要不断提高广大人民的民主能力和民主素养，以更好发挥作为民主主体的作用，提高中国式民主的质量和水平。

（三）以本国和各国人民福祉有机统一为价值追求

中国人民的梦想同世界人民的梦想息息相通。中国共产党人不仅立足于为中国人民谋幸福，还胸怀天下，为全人类的福祉贡献力量，这种情怀跨越了区域、国家、种族、文化的界限，是"人民"在世界范围的表现。100多年来，中国共产党对世界历史进程的深刻影响，既基于领导中国人民进行革命、建设和改革取得的伟大成就对世界的贡献，也基于把握人类社会发展规律，促进人类进步事业的中国智慧、中国方案、中国力量对人类的贡献。特别是党的十八大以来，我国一直坚定不移地做和平发展的实践者、全球共同发展的推动者、全球治理体系变革的主导者，很多国家和地区都享受到了中国蓬勃发展所带来的多方面红利，也推动了社会主义在世界范围内认同度的提升。

党和人民事业始终是人类进步事业的重要组成部分，中国的发展离不开世界，世界的发展也离不开中国。在新的征程上，中国共产党必将始终如一地把党和人民的事业发展置于人类发展坐标系中，始终如一地为中国人民谋幸福、为中华民族谋复兴、为

历 史 自 信
增强做中国人的志气、骨气和底气

世界谋大同,也必将在统筹"两个大局"中为世界发展和人类进步作出新的更大贡献。

中国传统民本思想是人民中心论的重要来源。人民中心论把人民作为实践主体、认识主体、价值主体、历史主体,始终坚持人民立场,坚信党的根基和力量在人民,体现中国共产党人的治国理念和执政实践,是对中国传统民本思想的扬弃创新发展。人民中心论宛若一根红线,流淌于中国共产党人的血脉之中。唐代诗人王昌龄在《从军行》中写道:"黄沙百战穿金甲,不破楼兰终不还。"在实现中华民族伟大复兴中国梦的历史进程中,我们必须始终坚持人民中心论,用推进中国特色社会主义伟大事业的辉煌成就,向人民交上一份成绩优异的答卷。这是坚定历史自信的主体。

第七章

图之于未萌，虑之于未有：从战略思维上看问题想问题

战略问题是一个政党、一个国家的根本性问题。在重大历史关头，重大考验面前，战略领导力是最关键的条件。历史证明，100多年来，中国共产党始终高度重视并善于运用战略思维，党中央的判断力、决策力、行动力在关键时刻力挽狂澜、力克艰险、排山倒海、摧枯拉朽，使我们党牢牢掌握历史主动，谱写了波澜壮阔的英雄史诗，铸就了震撼世界的百年荣光。站在新的历史起点上，反思中国共产党运用战略思维的历史进程，总结蕴含其中的宝贵经验，对于保持战略定力、锚定战略目标、坚定历史自信具有重要意义。

历史自信
增强做中国人的志气、骨气和底气

一、战略思维决定中国共产党战略方向

一般来讲,战略思维是指思维主体对关系事物全局的、长远的、根本性的重大问题的分析、综合、判断、预见和决策的思维过程。在中国共产党的历史上,党的历代领袖以及党的各级领导者一贯重视发挥战略思维的引领作用,强调各级领导干部要树立战略思维,因为战略思维是党从胜利不断走向胜利的重要法宝。

(一)以毛泽东同志为核心的党的第一代中央领导集体大力提倡战略思维

毛泽东具有卓越的战略眼光和非凡的政治勇气,一生重视战略,善谋战略,也赢在战略。在毛泽东看来,人人都要讲战略、关心战略,甚至要在全党全军上下营造"战略空气"。他认为:"任何一级的首长,应当把自己注意的重心,放在那些对于他所指挥的全局来说最重要最有决定意义的问题或动作上,而不应当放在其他的问题或动作上。"[①]

毛泽东在领导中国新民主主义革命过程中,创造了适合中国国情的以农村包围城市的独特的革命战略,形成了新民主主义革命战略思想;在领导社会主义改造过程中,创造了适合国情的"一

---

① 《毛泽东选集》第 1 卷,人民出版社 1991 年版,第 176 页。

第七章 图之于未萌，虑之于未有：从战略思维上看问题想问题

化三改"的独特的改造战略；在领导社会主义建设初步探索的过程中，创造了适合国情的"调动一切积极因素为社会主义事业服务""正确认识和处理社会主义社会矛盾""走中国工业化道路"的独特发展战略。他的军事战略思想集中体现在《中国的红色政权为什么能够存在？》《中国革命战争的战略问题》《抗日游击战争的战略问题》等光辉著作中。毛泽东总结提炼出一整套中国革命战争的战略原则，提出领导中国革命战争必须要研究战争的全局性、规律性问题，战略上藐视敌人、战术上重视敌人，准确分析战争的性质，有效把握战争的发展趋势，预测战争发展阶段，制定出正确的方针策略。可以说，战略观念深入人心，是党和国家事业取得成功的前提和保证。习近平总书记在纪念毛泽东诞辰120周年座谈会上的讲话中指出："毛泽东同志带领我们党创造性地提出和实施了一系列正确的战略策略，及时解决了中国革命进程中一道道极为复杂的难题，引导中国革命航船不断乘风破浪前进。"①

（二）以邓小平同志为主要代表的中国共产党人强调战略思维是整个国家的问题

邓小平思想敏锐、目光远大，多谋善断、举要化简，提出"应

---

① 习近平：《在纪念毛泽东同志诞辰120周年座谈会上的讲话》，人民出版社2013年版，第5—6页。

历 史 自 信
增强做中国人的志气、骨气和底气

当把发展问题提到全人类的高度来认识，要从这个高度去观察问题和解决问题"①。邓小平的战略思想主要是在改革开放的历史条件下产生的，是伴随着社会转型的历史进程不断丰富和完善的。他指出，"一系列战略原则都是政治原则"，都涉及根本。要制定适合本国情况的国家战略目标，这"是一个雄心壮志"②。1989年5月31日，邓小平在谈话中指出："最重要的问题是要胸襟开阔。要从大局看问题，放眼世界，放眼未来，也放眼当前，放眼一切方面。"③邓小平抓住"什么是社会主义、怎样建设社会主义"这个根本问题，研究新情况、分析新矛盾、作出新判断、提出新办法、解决新问题。邓小平战略思想主要包括：社会主义初级阶段理论；"改革是中国的第二次革命""一个中心、两个基本点""稳定压倒一切""发展才是硬道理""科学技术是第一生产力""基础在教育""尊重知识、尊重人才""一国两制"；等等。邓小平也非常重视领导干部的战略思维培育，他要求全体领导干部要加强我们工作中的原则性、系统性、预见性和创造性。这些战略思想在发展中国特色社会主义事业的伟大进程中发挥了意义深远的作用。习近平总书记在纪念邓小平诞辰110周年座谈会上的讲话中指出："战略思维，是邓小平同志一生最恢宏的革命气度，也永远是中国共产党人应该树立

---

① 《邓小平文选》第3卷，人民出版社1993年版，第282页。
② 《邓小平文选》第3卷，人民出版社1993年版，第77页。
③ 《邓小平文选》第3卷，人民出版社1993年版，第300页。

第七章　图之于未萌，虑之于未有：从战略思维上看问题想问题

的思维方式。"①

（三）新世纪新阶段把战略思维写进党的文件

党的十三届四中全会以后，以江泽民同志为主要代表的中国共产党人一以贯之高度重视战略，下大力气抓战略问题，相继制定实施了依法治国战略、科教兴国战略、西部大开发战略、可持续发展战略等一系列治国之策，取得显著效果。2000年6月5日，党中央颁发的《关于面向二十一世纪加强和改进党校的工作的决定》文件中，第一次将"战略思维"作为党校教育的一个基本方面。党中央也非常重视领导干部的战略思想培养，同年6月9日，江泽民在全国党校工作会议上的讲话中提出，要大力培养中青年领导干部的战略思维能力，使他们善于从实际出发不断研究解决改革发展稳定中的重大问题。

党的十六大以后，以胡锦涛同志为主要代表的中国共产党人一以贯之高度重视战略。在党的十六大报告中，胡锦涛提出各级党委和领导干部都要"善于进行理论思维和战略思维"②。把"战略思维"写进中国共产党全国代表大会的报告中，这在党的历史上是第一次。党的十六届四中全会通过的《中共中央关于加强党

---

① 习近平：《在纪念邓小平同志诞辰110周年座谈会上的讲话》，人民出版社2014年版，第17页。
② 《江泽民文选》第3卷，人民出版社2006年版，第569页。

的执政能力建设的决定》中,又进一步将战略思维和执政能力结合起来,要求领导干部"坚持用宽广的眼界观察世界,提高科学判断国际形势和进行战略思维的水平"①。在此基础上,党的十七届四中全会提出建设马克思主义学习型政党的战略任务,号召党的领导干部要切实提高战略思维、创新思维、辩证思维能力。

(四)以习近平同志为核心的党中央继承和弘扬战略思维,强调战略定力

习近平总书记高度重视战略思维,他说:"战略问题是一个政党、一个国家的根本性问题。战略上判断得准确,战略上谋划得科学,战略上赢得主动,党和人民事业就大有希望。"② 2012年底,习近平总书记在中央经济工作会议上首提"战略定力"这个概念,强调把握好大国关系演变的特点,保持战略清醒和战略定力。同时,反复强调不论国际形势如何变幻,我们要保持战略定力、战略自信、战略耐心,把战略主动权牢牢掌握在自己手中。中国共产党有战略自信的底气,也有保持战略耐心的智慧。

习近平总书记战略思维的鲜明特征之一,是善于从世界局势、历史发展和现实挑战综合角度思考治国理政的战略问题,党的十九大报告提出的"五位一体"总体布局和"四个全面"战略布局,

---

① 《十六大以来重要文献选编》(中),中央文献出版社2006年版,第288页。
② 《十八大以来重要文献选编》(中),中央文献出版社2016年版,第45—46页。

第七章　图之于未萌，虑之于未有：从战略思维上看问题想问题

就是建立在这一战略思维基础上。2022年1月14日，在省部级主要领导干部学习贯彻党的十九届六中全会精神专题研讨班开班式上，习近平总书记强调注重分析和总结党在百年奋斗历程中对战略策略的研究和把握，是贯穿全会决议的一个重要内容，我们一定要深入学习、全面领会。早在2021年9月，习近平总书记走进位于陕西榆林的杨家沟革命旧址，在这个当年"指挥了最大的人民解放战争"的司令部里，分析我们党能够统一思想、统一步调、团结一致向前进的"密钥"问题时，他坚定作答："就在于我们党坚持马克思主义指导，高瞻远瞩、见微知著，既解决现实问题，又解决战略问题，准确判断和把握形势，制定切合实际的目标任务、政策策略。"[①]可以说，战略思维在习近平新时代中国特色社会主义思想孕育形成全过程中起着重要的作用。

从毛泽东到习近平总书记，党的领导人深得战略思维的精髓，对战略思维有着深刻洞见，对如何提升战略思维能力的精辟论述，为我们提供了基本遵循，同时也彰显中国共产党人的战略思维系统作为一种注重从全局视角和长远眼光分析、处理问题的思维方式，有其自身的特点、规律和独特的优势。

---

① 《习近平在陕西榆林考察时强调　解放思想改革创新再接再厉　谱写陕西高质量发展新篇章》，《人民日报》2021年9月16日。

二、中国共产党战略思维的鲜明特征

在领导中国波澜壮阔的革命、建设、改革开放和新时代事业的历史进程中,中国共产党人成功运用世界眼光与战略思维,从全局性、长远性、根本性出发,洞察国内外发展大势,不断深化对共产党执政规律、社会主义建设规律、人类社会发展规律的认识,具有鲜明的特征。

(一)注重战略方向的引领:共产主义

100多年来,中国共产党人善于运用世界眼光与战略思维,把全局作为观察和处理问题的出发点和落脚点,立足国内国际两个大局,科学分析世界发展大势,实事求是分析所处阶段国情特点,明确发展方向,从而作出准确的战略判断。

土地革命战争初期,革命处于低潮,毛泽东从中国革命的全局出发,将革命力量与反革命力量进行对比分析,准确判断革命高潮"快要"到来;抗日战争时期,针对"亡国论"和"速胜论"的错误认识,毛泽东客观分析中国与日本各自的优势与劣势,判断战争是持久的,但胜利最终是属于进步的、正义的中国,而不是退步的、野蛮的日本。解放战争初期,毛泽东就作出判断,一切反动派都是纸老虎,我们一定能够打败蒋介石,胜利是属于真正强大的人民。毛泽东的战略判断最终都一一被证实。1956年9

第七章　图之于未萌，虑之于未有：从战略思维上看问题想问题

月，党的八大作出判断，社会主义制度已经基本建立，国内社会主要矛盾已经不再是无产阶级和资产阶级的矛盾，而是人民对于经济文化迅速发展的需要同当前经济文化发展不能满足人民需要的状况之间的矛盾。

以邓小平同志为主要代表的中国共产党人，提出以经济建设为中心，作出实行改革开放的决策，形成党的"一个中心，两个基本点"的基本路线，并指出这一基本路线要管100年。在党的十三大上提出我国正处于并将长期处于社会主义初级阶段的重大战略判断。随着社会主义事业的不断发展，邓小平科学概括社会主义的本质：解放生产力，发展生产力，消灭剥削，消除两极分化，最终达到共同富裕。这是一个关系党和国家命运的重大判断。他提出的另一大重大判断，就是"现在世界上真正大的问题，带全球性的战略问题，一个是和平问题，一个是经济问题或者说发展问题。和平问题是东西问题，发展问题是南北问题。概括起来，就是东西南北四个字。南北问题是核心问题"①。他还强调指出："应当把发展问题提到全人类的高度来认识，要从这个高度去观察问题和解决问题。"②

党的十三届四中全会以后，江泽民纵观国内外大势，作出重大战略判断：21世纪头20年，对我国来说，是一个必须紧紧抓住并且可以大有作为的战略机遇期。这个战略机遇期，是经济、

---

① 《邓小平文选》第3卷，人民出版社1993年版，第105页。
② 《邓小平文选》第3卷，人民出版社1993年版，第282页。

历史自信
增强做中国人的志气、骨气和底气

政治、文化、社会发展的重要战略机遇期,也是国防和军队现代化建设的重要战略机遇期,要营造有利战略态势,增强国家战略能力。党的十六大以后,胡锦涛进一步指出,我国发展重要战略机遇期存在的基本条件和我国发展机遇大于挑战的基本面并没有因为国内国际形势新变化而发生根本性改变,我国仍处于可以大有作为的战略机遇期,要维护战略机遇期,抓住和用好战略机遇期。在总结国内外发展经验的基础上,以胡锦涛同志为主要代表的中国共产党人创造性地提出以人为本、全面协调可持续发展的科学发展观,并作出了建设社会主义和谐社会的战略构想。

党的十八大以来,以习近平同志为核心的党中央向世界庄严宣布:"我们比历史上任何时期都更接近中华民族伟大复兴的目标,比历史上任何时期都更有信心、有能力实现这个目标。"① 为实现这个目标,既不能走封闭僵化的老路,也不能走改旗易帜的邪路,必须一以贯之地坚持和发展中国特色社会主义道路。习近平总书记还指出:"中国特色社会主义是改革开放以来党的全部理论和实践的主题","只有社会主义才能救中国,只有中国特色社会主义才能发展中国,这是历史的结论、人民的选择"②。在党的十九大报告中,习近平总书记对我国所处的历史方位作出新的战略判断,明确指出中国特色社会主义进入新时代,并且我国社会主要矛盾已经

---

① 《习近平谈治国理政》第 1 卷,人民出版社 2018 年版,第 35 页。
② 《习近平谈治国理政》第 1 卷,人民出版社 2018 年版,第 22 页。

第七章　图之于未萌，虑之于未有：从战略思维上看问题想问题

转化为人民日益增长的美好生活需要和不平衡不充分的发展之间的矛盾。同时强调，当前我国仍然处于大有可为的重要战略机遇期，要维护和延长我国发展的重要战略机遇期，要胸怀两个大局，一个是中华民族伟大复兴战略全局，一个是世界百年未有之大变局，这是我们谋划工作的基本出发点。党的二十大报告指出："全面建设社会主义现代化国家，是一项伟大而艰巨的事业，前途光明，任重道远。当前，世界百年未有之大变局加速演进，新一轮科技革命和产业变革深入发展，国际力量对比深刻调整，我国发展面临新的战略机遇。同时，世纪疫情影响深远，逆全球化思潮抬头，单边主义、保护主义明显上升，世界经济复苏乏力，局部冲突和动荡频发，全球性问题加剧，世界进入新的动荡变革期。我国改革发展稳定面临不少深层次矛盾躲不开、绕不过，党的建设特别是党风廉政建设和反腐败斗争面临不少顽固性、多发性问题，来自外部的打压遏制随时可能升级。我国发展进入战略机遇和风险挑战并存、不确定难预料因素增多的时期，各种'黑天鹅'、'灰犀牛'事件随时可能发生。我们必须增强忧患意识，坚持底线思维，做到居安思危、未雨绸缪，准备经受风高浪急甚至惊涛骇浪的重大考验。"[1]这些重大判断都是新时代全面谋划和推进中心任务和各项工作的基本出发点。

---

[1] 习近平：《高举中国特色社会主义伟大旗帜　为全面建设社会主义现代化国家而团结奋斗——在中国共产党第二十次全国代表大会上的报告》，《人民日报》2022年10月26日。

历史自信
增强做中国人的志气、骨气和底气

（二）注重战略目标的引领：分步走

战略目标的制定是战略引领的首要环节，也是战略引领的核心。革命战争年代，毛泽东科学分析中国革命性质，确定不同阶段革命目标和革命任务，制定了一系列革命的战略和策略，领导中国人民取得新民主主义革命的胜利。中国革命分两步走，先进行新民主主义革命，再进行社会主义革命。革命成功之后，社会主义制度确立以后，党中央逐步提出了工业现代化、农业现代化、科学技术现代化、国防现代化的"四个现代化"发展目标。

改革开放以后，党中央在"四个现代化"发展战略基础上，提出了建设小康社会的战略目标，并提出"三步走"：第一步，到1990年国民生产总值比1980年翻一番，基本解决温饱问题；第二步，到20世纪末国民生产总值再翻一番，基本消除贫困现象，人民生活达到小康水平；第三步，到21世纪中叶，人均国民生产总值达到中等发达国家水平，人民生活比较富裕，基本实现现代化。基于此，党中央制定了"两个大局"发展战略等重要战略思想，中国经济社会发展进入快车道，中国人民从站起来向富起来迈进。

在党的十五大上，党中央提出"两个一百年"奋斗目标：21世纪第一个十年实现国民生产总值比2000年翻一番，使人民的小康生活更加富裕；到建党一百年时，使国民经济更加发展，各项制度更加完善；到新中国成立一百年时，基本实现现代化，建成富强民主文明的社会主义国家。党的十六大将第一个百年奋斗目

第七章 图之于未萌，虑之于未有：从战略思维上看问题想问题

标界定为全面建设惠及十几亿人口的更高水平的小康社会。党的十七大将第一个百年奋斗目标提升、调整为全面建成小康社会。2010年中国成为世界第二大经济体，中国人民富起来了。

党的十九大报告指出，中国特色社会主义进入了新时代，中国人民由富起来向强起来迈进。以习近平同志为核心的党中央在党的十九大报告中提出了新的目标安排：第一阶段，从2020年到2035年，在全面建成小康社会的基础上，再奋斗15年，基本实现社会主义现代化；第二阶段，从2035年到本世纪中叶，在基本实现现代化的基础上，再奋斗15年，把我国建成富强民主文明和谐美丽的社会主义现代化强国。

党的二十大报告对此强调："全面建成社会主义现代化强国，总的战略安排是分两步走：从二〇二〇年到二〇三五年基本实现社会主义现代化；从二〇三五年到本世纪中叶把我国建成富强民主文明和谐美丽的社会主义现代化强国。"并继续明确："未来五年是全面建设社会主义现代化国家开局起步的关键时期，主要目标任务是：经济高质量发展取得新突破，科技自立自强能力显著提升，构建新发展格局和建设现代化经济体系取得重大进展；改革开放迈出新步伐，国家治理体系和治理能力现代化深入推进，社会主义市场经济体制更加完善，更高水平开放型经济新体制基本形成；全过程人民民主制度化、规范化、程序化水平进一步提高，中国特色社会主义法治体系更加完善；人民精神文化生活更加丰富，中华民族凝

> 聚力和中华文化影响力不断增强；居民收入增长和经济增长基本同步，劳动报酬提高与劳动生产率提高基本同步，基本公共服务均等化水平明显提升，多层次社会保障体系更加健全；城乡人居环境明显改善，美丽中国建设成效显著；国家安全更为巩固，建军一百年奋斗目标如期实现，平安中国建设扎实推进；中国国际地位和影响进一步提高，在全球治理中发挥更大作用。"①

（三）注重战略规划和策略的引领：大处着眼，统帅全局

完整的领导战略应是战略目标、战略规划和战略策略的统一。中国共产党人战略规划和战略策略引领是从大处着眼，统帅全局。

毛泽东的战略规划和策略引领主要体现在两个方面：一是以全局性的战略眼光高度重视政策与策略的重要性；二是坚持以整体性战略的视野注重唯物辩证的领导艺术和工作方法。在《论政策》《关于目前党的政策中的几个重要问题》等著作中，毛泽东提出，无产阶级政党必须坚持政策和策略的科学性，才能指导革命和建设取得胜利，这就要求党的工作必须从实际出发。他还以"解剖麻雀法"为喻生动地形容了把对事物从个别到一般、再从一般到规律性总结的战略思维，这是毛泽东解决革命和建设事业中党的

---

① 习近平：《高举中国特色社会主义伟大旗帜　为全面建设社会主义现代化国家而团结奋斗——在中国共产党第二十次全国代表大会上的报告》，《人民日报》2022年10月26日。

第七章 图之于未萌，虑之于未有：从战略思维上看问题想问题

领导的重要工作方法。从新中国成立到社会主义改造基本完成、社会主义建设初步探索的整个阶段，从整体上讲，以毛泽东同志为主要代表的中国共产党人展现了创造性的战略思维和非凡的领导智慧，为之后的改革开放和中国特色社会主义事业大发展奠定了坚实的基础。这充分体现了毛泽东战略规划和策略的重要作用。

党的十一届三中全会后，邓小平以战略家的雄韬伟略，深入翔实地对"什么是社会主义、怎样建设社会主义"这一时代主题作了全面系统分析，从战略高度消解弱化了姓"社"姓"资"之争，进而深刻揭示了社会主义的本质，引领全党研究新情况，解决新问题，并作出改革开放的伟大战略决策，这些战略规划登高望远地成为当代中国共产党人解放思想、实事求是的宣言书。

面对世纪之交以来的世情国情党情深度变化，江泽民、胡锦涛继续探索"什么是社会主义、怎样建设社会主义""建设什么样的党、怎样建设党"以及"实现什么样的发展、怎样实现发展"等重大战略问题，以指导中国特色社会主义事业继续发展。在这期间，江泽民从战略高度强调以改革创新精神推进党的建设新的伟大工程，明确了在新的历史条件下如何保持党的先进性和纯洁性，如何更好地从人民的根本利益出发制定党的各项战略。胡锦涛针对新变化新问题，提出了以人为本、全面协调可持续发展的科学发展观，从战略规划高度回答了什么是发展、为谁而发展、怎样去发展、靠谁来发展等一系列党和国家科学发展的核心问题，

进一步丰富了中国特色社会主义战略规划和策略理论。

党的十八大以来,以习近平同志为核心的党中央在这方面堪称典范。主要表现在:第一,依据整体推进和重点突破相结合的战略策略,找出了全面深化改革的突破口、关键点,而且提出了每一个领域深化改革的重点。第二,注重协调全面依法治国过程中"共同推进""一体建设"和"守住公正底线"的战略思维方法引领。第三,注重协调"十四五"规划与2035年远景目标,等等。这对战胜前进道路上的各种风险挑战,为全面建设社会主义现代化国家开好局、起好步,具有十分重要的意义。

(四)注重战略重点的引领:化解主要矛盾的主要方面

毛泽东强调,不能把过程中所有的矛盾平均看待,"没有重点就没有政策",只要抓住主要矛盾,所有的问题就会迎刃而解。中国共产党自成立之日起,就带领人民进行反帝反封建的新民主主义革命。抗日战争爆发后,中日民族矛盾上升为主要矛盾,党及时调整政策,团结一切可以团结的力量,建立最广泛的抗日民族统一战线,形成各党派、各团体一致对外、共同抗日的局面。抗战胜利后,社会主要矛盾再次转化,党领导人民进行了打倒美帝国主义及国民党反动派的解放战争,推翻了国民党统治。1949年3月,在党的七届二中全会上,毛泽东号召全党,从此以后我们的工作重心由农村转移到城市,要用极大的努力去学会管理城

第七章　图之于未萌，虑之于未有：从战略思维上看问题想问题

市和建设城市。

党的十一届三中全会以后，党中央将全党工作重点转移到"以经济建设为中心"的社会主义现代化建设上来。农业是基础，改革也是从农村起步。1982年至1986年连续五年的中央一号文件，都是对农村改革和农业发展作出战略部署，提出能源和交通是基础，是为未来的发展做准备的，也是投资的重点。邓小平还从战略视角提出"科学技术是第一生产力"，为我国教育发展战略提供依据。

党的十三届四中全会以后，江泽民紧紧抓住重要战略机遇期进行经济建设，并作出全面部署。同时，他还全面地论述了改革、发展和稳定三者的关系问题，从战略上给相关工作提供指导。针对经济高速增长所带来的一系列问题，胡锦涛提出要把转变经济增长方式作为战略重点，注重质量效益的提升。2004年起关于"三农"问题的中央一号文件再次发出。从此，中央一号文件成为重视农村问题的专有名词。

新时代以来，习近平总书记强调要抓准、抓住、抓好战略重点。例如，在全面从严治党的过程中，一方面，要"把严的要求"贯彻治党全过程；另一方面，又要抓住主要问题，从"关键少数"入手。这一治国理政思路在抗击新冠疫情阻击战中再一次得到彰显：就全国疫情防控全局而言，重点打好重点城市保卫战；就防控具体环节而言，则紧紧抓住城乡社区防控和患者救治两个关键；同时尽最大可能地控制疫情波及范围。凡此种种，都体现了整体

推进与重点突破相结合的战略方法。

总体来讲,任何战略,无论是军事战略、政治战略、经济战略,还是文化战略和教育战略等,都具有全局性、长远性、层次性、稳定性四个基本特征,突出表现在妥善处理好本质与现象、全局与局部、长远与当前、主要与次要、个体与共性等的关系上。而战略思维,主要体现在注重战略方向的引领、注重战略目标的引领、注重战略规划和策略的引领、注重战略重点的引领等方面。说到底,从内涵上讲,战略思维是一种充分吸收了辩证法精髓的马克思主义哲学思维,是马克思主义基本原理在实践中的具体应用。

三、中国共产党战略思维的逻辑内蕴

100多年来,中国共产党人在奋斗历程中凝结而成的战略思维,是不断总结正反两方面的经验教训所取得的,在深层意义上是对马克思主义200多年历史正反两方面经验总结得来的,更是一代代中国共产党人呕心沥血的智慧结晶。探究这一战略思维的逻辑内蕴,不只是要洞悉各个历史时期的战略思想所关注的核心问题,更要为今后党的自身建设、党和国家事业的科学发展提供经验借鉴。

(一)始终坚持以马克思主义为战略思维指导

马克思主义是中国共产党人战略思维不竭的思想源泉。马克

第七章　图之于未萌，虑之于未有：从战略思维上看问题想问题

思主义是科学的理论，创造性地揭示了人类社会从低级到高级、从简单到复杂，最终实现共产主义的发展规律。中国共产党人始终以马克思主义为战略思维指导，将唯物辩证法中的立场、观点、方法运用于实践中，紧紧围绕"什么是中国革命、怎样进行革命""什么是社会主义、怎样建设社会主义""建设什么样的党、怎样建设党""实现什么样的发展、怎样实现发展""新时代坚持和发展什么样的中国特色社会主义、怎样坚持和发展中国特色社会主义"等重大历史课题，从全局角度观大势、谋大事，坚持透过纷繁复杂的表面现象把握事物的本质和发展的内在规律，形成了具有中国特色的战略思维指导理论和方法。

中国共产党人的战略思维丰富和发展了马克思主义唯物辩证法，集中体现在毛泽东思想、邓小平理论、"三个代表"重要思想、科学发展观、习近平新时代中国特色社会主义思想重大理论成果中。这些理论成果中所贯穿始终的解放思想、实事求是、与时俱进、求真务实的思想路线，关于中国革命战争的战略战术问题，关于调动一切积极因素、独立自主探索社会主义建设的问题，关于正确处理人民内部矛盾的问题，关于改革开放的重大战略问题，关于和平与发展是当今世界两大主题的问题，关于社会主义初级阶段的问题，关于推进党的建设新的伟大工程问题，关于以人为本、全面协调可持续发展的科学发展问题，关于新时代坚持和发展中国特色社会主义问题，关于中华民族伟大复兴和世界百年未有之大变局的"两个

大局"问题，等等，彰显了中国共产党人的战略思维、战略意识，体现了中国共产党人的战略智慧与战略眼光，对丰富和发展马克思主义唯物辩证法作出了原创性贡献，使马克思主义永远充满活力与魅力。

（二）始终坚持以人民立场为战略思维出发点

中国共产党的战略思维的出发点是为了人民。中国共产党为人民而生，为人民利益而奋斗，始终与人民保持着血肉联系，以人民为中心的战略立场已经深深地嵌入了中国共产党人的奋斗基因之中。中国共产党人在革命战争年代就明确提出"全心全意为人民服务"的根本宗旨，形成了党在一切工作中的群众观点和"一切为了群众，一切依靠群众，从群众中来，到群众中去"的群众路线。这条群众路线是党的生命线，也是100多年来中国共产党人运用战略思维所遵循的根本工作路线。邓小平反复强调，要把人民拥护不拥护、赞成不赞成、高兴不高兴、答应不答应作为中国共产党制定各项方针政策的出发点和归宿。他创造性提出了把是否有利于提高人民生活水平作为党制定各项方针政策的根本判断标准，进一步明确了人民群众利益至上的发展思想。正如习近平总书记所说的"中国共产党人的初心和使命就是为中国人民谋幸福，为中华民族谋复兴"。在运用战略思维进行决策的过程中，党始终从群众利益出发，时刻考虑群众利益进行战略谋划、制定举措、

第七章 图之于未萌，虑之于未有：从战略思维上看问题想问题

推进落实。可以说，人民立场贯穿中国共产党运用战略思维进行决策的全过程。

战略思维中所蕴含的力量与智慧都来自人民。中国共产党运用战略思维，调动起最广大人民的积极性、主动性、创造性，"唤起工农千百万，同心干"，才拥有了认识世界、改造世界的磅礴伟力。习近平总书记在党史学习教育动员大会上的一句话形象而深刻地总结出了人民所蕴含的力量："大革命失败后，30多万牺牲的革命者中大部分是跟随我们党闹革命的人民群众；红军时期，人民群众就是党和人民军队的铜墙铁壁；抗日战争时期，我们党广泛发动群众，使日本侵略者陷入了人民战争的汪洋大海；淮海战役胜利是靠老百姓用小车推出来的，渡江战役胜利是靠老百姓用小船划出来的；社会主义革命和建设的成就是人民群众干出来的；改革开放的历史伟剧是亿万人民群众主演的。"① 战略思维的智慧也来自人民。毛泽东说，群众有伟大的创造力，每个乡村每个市镇都有"诸葛亮"，"我给他们当学生是必须恭谨勤劳和采取同志态度的"。他倡议"和全党同志一起向群众学习，继续当一个小学生，这就是我的志愿"②。邓小平在武昌、深圳、珠海、上海等地的谈话中指出："在这短短的几十年内，我们国家发展得这么快，使人民高兴，世界瞩目，这就足以证明三中全会以来的路线、方针、政策的正确性，谁想变也

---

① 习近平：《在党史学习教育动员大会上的讲话》，《求是》2021年第7期。
② 《毛泽东选集》第3卷，人民出版社1991年版，第791页。

变不了。说过去说过来,就是一句话,坚持这个路线、方针、政策不变。"①改革开放是人民的意愿,改革开放中许许多多的东西都是由群众在实践中提出的,都是群众的智慧、集体的智慧。农村搞家庭联产承包,这个发明权就是农民的。习近平总书记也指出:"必须从贯彻落实'四个全面'战略布局的高度,深刻把握全面深化改革的关键地位和重要作用,拿出勇气和魄力,自觉运用改革思维谋划和推动工作,不断提高领导、谋划、推动落实改革的能力和水平,切实做到人民有所呼、改革有所应。"②

(三)始终坚持以共产主义为方向保持战略思维定力

所谓战略思维定力,即战略目标、战略规划、战略策略与战略行动的稳定性。战略目标、战略规划、战略策略与战略行动的定力归根结底来自战略思维的定力,战略思维的定力是战略定力的前提。毛泽东的战略思维定力促使其能够在中国革命遭遇最危急的时刻以战略家的眼光引领中国革命向广阔的农村发展,把广大人民群众作为革命最坚实的支撑和最有力的革命力量发动起来,在关键时刻为革命斗争续力。随后,毛泽东又以战略定力完成了遵义会议上战争路线的正确转向,挽救了中国革命,也挽救了处于转折中的中国共产党。新中国成立后,毛泽东在审度国内国际

---

① 《邓小平文选》第3卷,人民出版社1993年版,第371页。
② 《习近平谈治国理政》第2卷,外文出版社2017年版,第102—103页。

第七章　图之于未萌，虑之于未有：从战略思维上看问题想问题

两个大局后，从战略上作出了逐渐完成社会主义改造、开始社会主义建设事业的关键决策，为之后中国40多年的改革开放和伟大复兴中国梦的实现奠定了最初的国力基础和经济基础。改革开放后，邓小平作为新一代政治战略家，确定了实施至今的社会主义初级阶段党的基本路线，逐步消解了国内外的强大压力。邓小平还指出："我们在国际上争取和平的环境，在国内要排除一切干扰。我们这些人能做的工作，只是为大家创造条件。有了干扰，就排除它一下。发现有什么东西束缚了大家，帮助大家想点办法，解放出来。"[①]决策要及时，创造条件，发展自己。江泽民、胡锦涛均体现强大的战略定力，坚定了改革开放的贯彻实施，把改革开放事业稳步推进。

习近平总书记作为新时代党的事业的主要领导者，更以战略家的视野和政治家的韬略，作出了新时代我国社会主要矛盾已经转化的科学论断，坚定了中国梦的伟大战略目标。同时还从自我革命的角度，以长远的战略思维方向定力狠抓全面从严治党，促使广大党员特别是领导干部提升素质。还有，面对新冠疫情的冲击和世界经济深度衰退等时代问题，明确提出形成以国内大循环为主体、国内国际双循环相互促进的新发展格局。正是这种战略思维定力保证了我们国家稳步前行。

---

① 《邓小平文选》第3卷，人民出版社1993年版，第109页。

(四)始终坚持以矛盾分析方法服务于战略思维判定

战略思维的实质和基础是辩证思维。辩证思维是成熟的、高水平的对立统一思维。辩证思维的根本特征,在于以辩证的即普遍联系的和矛盾的观点看待客观事物和人类思维,主要体现在三个方面:一是辩证思维是把握对象多样性统一的具体思维;二是辩证思维是对事物多形态、多侧面、多关系、多层次进行综合把握的全面系统性思维;三是辩证思维是体现灵活性与确定性相统一的对事物发展的动态过程进行把握的思维。概而言之,辩证思维是具体的思维、全面的思维和灵活的思维。

毛泽东战略思维的主题是系统研究和回答"什么是中国革命、怎样进行革命",并对"什么是社会主义,怎样建设社会主义"作初步回答。他在马克思主义的理论指导下,以中国共产党长期革命斗争实践经验总结为基础,把马克思主义基本原理同我国的具体革命和建设实际相结合,创立和发展了关于中国革命的科学指导思想。在其《中国革命战争的战略问题》《论持久战》《战争和战略问题》《论政策》《论十大关系》《大兴调查研究之风》《关于正确处理人民内部矛盾的问题》等著作中,他的全局性的战略视野、整体性的战略胸怀、矛盾分析的辩证思维方式、统筹兼顾战略调整方法等都得到了淋漓尽致的展现。《论持久战》这篇文章发表于1938年5月,此时,中国已经进入全面抗战阶段近一年。在这一年之内,中国军队在淞沪会战、第二次上海抗战、

第七章 图之于未萌，虑之于未有：从战略思维上看问题想问题

南京保卫战中虽顽强抵抗日寇，但因装备以及兵员素质的问题，在付出重大伤亡后没有守住城市，而是基本被日寇击溃；而在此之前1936年日本通过《何梅协定》以及《秦土协定》，已经将我国华北地区吞并。因此，在这种局面下，有人便怀着消极的思想提出了"亡国论""再战必亡论"等悲观论调，或者"中国速胜论"这种过于乐观的看法，这明显对全中国的抗战是十分不利的。中日战争是半殖民地半封建的中国和帝国主义的日本之间在20世纪30年代至40年代进行的一场决死战争。中日双方存在着互相矛盾的四个特点：敌强我弱，敌小我大，敌退步我进步，敌寡助我多助。一方面，日本是强国，中国是弱国，这一对比，决定了抗日战争只能是持久战。另一方面，日本是小国，发动的是退步的、野蛮的侵略战争，在国际上失道寡助；而中国是大国，进行的是进步的、正义的反侵略战争，在国际上得道多助，最后胜利将是属于中国的。因此，毛泽东在《论持久战》的第一部分"问题的提起"中便用战略辩证法对"亡国论"进行了批判："当此徐州失守武汉紧张的时候，给这种亡国论痛驳一驳，我想不是无益的。""平型关一个胜仗，冲昏了一些人的头脑；台儿庄再一个胜仗，冲昏了更多人的头脑……所有上述一切，我们叫它做政治上军事上的近视眼。这些话，讲起来好像有道理，实际上是毫无根据、似是而非的空谈。扫除这些空谈，对于进行胜利的抗日战争，应该是有好处的。"紧接其后，毛泽东便写出了这篇文章的主旨：

历史自信
增强做中国人的志气、骨气和底气

"于是问题是:中国会亡吗?答复:不会亡,最后胜利是中国的。中国能够速胜吗?答复:不能速胜,抗日战争是持久战。"①党的二十大报告就是一篇充满了辩证法的文献。在根本主题上,聚焦高举中国特色社会主义伟大旗帜,强调要把对中国特色社会主义的坚持与发展统一起来;在社会主要矛盾上,强调要处理好"变"与"不变"的矛盾;在奋斗目标上,强调要把今后五年工作与实现社会主义现代化强国统一起来;在行动纲领上,强调要把实践创新与理论创新统一起来;在精神状态上,强调要把改造客观世界与改造主观世界统一起来等。可以说,以习近平同志为核心的党中央再一次为我们树立了矛盾分析方法与服务于战略思维判定的光辉典范。

(五)始终以自我革命精神淬化战略思维品质

战略引领是战略思维与战略精神、战略意识的统一。因此,战略引领既需要领导者具备卓越的战略思维素养,也需要领导者以自我革命精神淬化战略品质。面对中国近代以来山河破碎、内忧外患的深重灾难,以毛泽东同志为主要代表的中国共产党人,以战略思维革命品质开马克思主义中国化时代化之先河,创立毛泽东思想,以中国特色革命道路在黑暗的中国高高擎起熊熊燃烧

---

① 《毛泽东选集》第2卷,人民出版社1991年版,第442—443页。

第七章　图之于未萌，虑之于未有：从战略思维上看问题想问题

的火炬，让沉睡百年的"东方睡狮"站起来。以邓小平同志为主要代表的中国共产党人，顺民意，挽狂澜，吹响改革开放号角，实现伟大历史转折，开辟了中国特色社会主义道路，创立了邓小平理论，以战略思维革命品质为我们坚持走自己的路、建设中国特色社会主义提供了根本遵循。

党的十三届四中全会以后，以江泽民同志为主要代表的中国共产党人，在世界社会主义陷入低谷时，形成了"三个代表"重要思想，坚决捍卫中国特色社会主义，并将其成功推向21世纪。进入新世纪，以胡锦涛同志为主要代表的中国共产党人，坚持把马克思主义基本原理同当代中国实际和时代特征相结合，形成了科学发展观，"进一步回答了什么是社会主义、怎样建设社会主义和建设什么样的党、怎样建设党的问题，创造性地回答了新形势下实现什么样的发展、怎样发展等重大问题"[①]，以战略思维革命品质开辟了当代中国马克思主义发展新境界。

党的十八大以来，中国人民在习近平新时代中国特色社会主义思想的指导下，冲开了神州大地创新创造的闸门，以昂扬姿态踏上强起来的伟大征程。这一思想具有强烈的时代气息和现实针对性，以我们正在做的事情为中心，以一系列新的重大理论观点，对马克思主义哲学、政治经济学、科学社会主义作出了原创性贡献，

---

① 习近平：《在学习〈胡锦涛文选〉报告会上的讲话》，人民出版社2016年版，第4页。

以全新视野深化了对共产党执政规律、社会主义建设规律和人类社会发展规律的认识,充分彰显了战略思维革命品质的强大生命力,是当代最现实最鲜活的马克思主义。

概而言之,100多年来,一代代中国共产党人始终坚持以马克思主义为战略指导,始终坚持以人民立场为战略思维出发点,始终坚持以共产主义为方向保持战略思维定力,始终坚持以矛盾分析方法服务于战略思维判定,始终坚持以自我革命精神淬化战略思维革命品质,作出了正确的战略判断,制定了科学的战略规划,团结带领中国人民迎来了从站起来、富起来到强起来的伟大飞跃。

四、党员干部要全面提升运用战略思维能力

中国共产党的100多年战略发展史表明,战略思维强调要重视并善于从事物本质出发,把战略发展中的诸多具体方面上升到思维法则问题去把握;同时要重视并善于把当前的具体问题放到大的过程中去思考,在遵守和运用战略思维中加强前瞻性研究。

(一)学会运用对立统一战略思维能力

马克思主义的唯物辩证法,把对立统一的法则作为根本法则。毛泽东指出:"在人类的认识史中,从来就有关于宇宙发展法则的两种见解,一种是形而上学的见解,一种是辩证法的见解,形

第七章　图之于未萌，虑之于未有：从战略思维上看问题想问题

成了互相对立的两种宇宙观。""这个辩证法的宇宙观，主要地就是教导人们要善于去观察和分析各种事物的矛盾的运动，并根据这种分析，指出解决矛盾的方法。因此，具体地了解事物矛盾这一个法则，对于我们是非常重要的。""中国共产党人必须学会这个方法，才能正确地分析中国革命的历史和现状，并推断革命的将来。"①

运用矛盾的观点。唯物辩证法认为，事物内部的矛盾性是事物发展的根本原因。从事物的内部去研究事物的发展，这是研究任何事物发展过程中所必须应用的方法。早在古代，孙武就曾指出，战争中的敌我、彼己、众寡、强弱、攻守、进退、成败、利害、虚实、奇正、勇怯、劳逸、饥饱，等等，都是相互依存、相互转化的对立统一关系。马克思在《资本论》中通过分析资产阶级社会商品交换这一最简单的现象，揭露了现代资本主义社会的一切矛盾。一切事物在其自身中都是矛盾的，只有运用对立统一规律，才能提供理解一切现存事物自己运动的钥匙。

运用联系的观点。唯物辩证法认为，一事物和他事物的互相联系和互相影响是事物发展的第二位的原因。毛泽东指出："消极防御实际上是假防御，只有积极防御才是真防御，才是为了反攻和进攻的防御。"②这就不仅对积极防御的实质作了科学的概括，

---

① 《毛泽东选集》第1卷，人民出版社1991年版，第300、304、308页。
② 《毛泽东选集》第1卷，人民出版社1991年版，第198页。

而且深刻地阐明了进攻和防御的辩证关系。像中国土地革命战争时期的"左"倾冒险主义者那样,讲进攻就搞冒险主义,转入防御就实行保守主义,被迫退却就变成逃跑主义。他们看不到进攻与防御是对立统一的联系关系,而是形而上学地把二者绝对对立起来。而这一问题落在毛泽东那里,便发现了新的内容和新的角度,就是从事物之间的联系去研究事物的发展,结果取得了革命的胜利。

运用强弱转化的观点。强和弱都是有条件的,在一定条件下,强能变弱,弱能变强。毛泽东说:"矛盾着的双方,依据一定的条件,各向着其相反的方面转化。"[①] 对于对手则要避强击弱,创造条件限制对手优势的发挥,充分利用对手的弱点,给予致命的打击。在革命战争年代,我军在相当长的时期内面对的是强大的对手,毛泽东在敌强我弱的条件下,实行战略内线持久的防御战和战略外线的速战速决的进攻战,逐步转化敌我力量强弱对比,最后战胜敌人,这就是运用对立统一规律指导战争的光辉典范。

(二)学会运用系统性战略思维能力

系统思维特性把人类对事物的考察从以实体为中心转移到以系统为中心,从系统与环境、系统与要素的相互联系、相互作用

---

① 《毛泽东选集》第1卷,人民出版社1991年版,第327页。

第七章 图之于未萌，虑之于未有：从战略思维上看问题想问题

中把握事物、考察事物。系统是由相互联系、相互作用的若干要素组成的具有特定功能和运动规律的整体，整体性、有机性、运动性是系统的显著特征。毛泽东之所以能够运筹帷幄，决胜千里，在很大程度上取决于他熟谙系统思维方法的精髓，善于处理全局与局部的关系。

着眼整体，重点用谋。《孙子兵法》强调进行战略决策前必须周密分析各种条件，充分考虑各种因素，将各种相关条件、因素综合起来作为一个整体加以统筹，要求一方面要综合分析事物本身的各种因素条件，另一方面则要分析本事物与他事物的关系，联系起来加以考虑。凡属需高层次谋划和决策，都要照顾各个方面和各个阶段性质的重大的、相对独立的领域，这些都是战略的全局。党在新民主主义革命时期的第一次伟大历史转折就是从北伐战争失败到土地革命战争兴起，中国共产党在着眼整体、重点用谋中提出"武装的革命反对武装的反革命"这一伟大思想，从而在完成这一伟大历史性转变的同时，也开始了对中国革命新道路的艰辛探索。

有机集成，重点用谋。运用谋略，在着眼全局的同时，还必须正确处理好系统与整体的关系，在结构关键节点上重点用谋。系统集成作为一种技术方法，是指通过制定共同的标准和规程，把多个具有不同结构和功能的系统联结、整合为一个大系统，亦即"系统的系统"，从而形成新的结构，发挥新的功能。时下，谋略因具有了信息化、智能化特质，手段变得更加多样，但依循

谋略的精要内涵，着眼系统中的整体结构，应重点从战略上设妙局、战役上造强势、战术上布奇阵，把握好谋略运用的重心，以切实赢得先机，把握主动。

运动变化，重点用谋。同世界上的一切事物一样，博弈中的任何一种作战形式都不是孤立的，而是相互联系的，要在普遍联系和运动变化中实现整体的加快发展。毛泽东在《中国革命战争的战略问题》中指出："不要幻想有进无退的战争，不要震惊于领土和军事后方的暂时的流动，不要企图建立长时期的具体计划。把我们的思想、工作适应于情况，准备坐下，又准备走路，不要把干粮袋丢掉了。只有在现在的流动生活中努力，才能争取将来的比较地不流动，才能争取最后的稳定。"[①]这就要求我们用运动、变化和发展的观点去观察和分析问题，反对用静止、孤立的观点去观察和分析问题。除此之外，在实际工作中，还要增强机遇意识、忧患意识，提高变挑战为机遇、化危机为机遇的能力，以赢得时与势，创造胜利。

（三）学会运用经验学习战略思维能力

经验学习战略思维即根据自己、前人或部属的经验和直观判断能力，对事物进行长远分析判断的思维方法。这种思维方法具

---

① 《毛泽东选集》第1卷，人民出版社1991年版，第229页。

第七章　图之于未萌，虑之于未有：从战略思维上看问题想问题

有运用简单，来得快、效率高的特点。经验学习分直接经验学习和间接经验学习。直接经验学习是本人直接参加实践取得的经验，是非常宝贵的，但人不可能事事都直接参加实践，因此，要汲取大量的、先进的间接经验，汲取这种经验的主要方法是研究战略史和成功的案例。

把握实事求是经验学习规律。战略博弈是不以人们的意志为转移的客观物质运动，一切博弈规律都是客观的。在人类研究和指导战略博弈的漫长历史中，凡属正确的理论和博弈指导，都是以主观和客观相符合、理论与实际相一致为基本遵循。而一切错误的理论和博弈指导，则都是以主观和客观相分裂、理论与实际相脱离为主要特征的。《孙子兵法》之所以能在一定程度上反映战争的一般规律，最根本的一条原因就是孙武具有朴素唯物的战争认识论，他始终强调知彼知己，百战不殆。毛泽东在《改造我们的学习》一文中指出："'实事'就是客观存在着的一切事物，'是'就是事物的内部联系，即规律性，'求'就是我们去研究。"① 这段话精辟地阐明了战略作为一种物质运动，也是现象和本质的统一，现象体现本质但不等于本质。因此，必须进行"去粗取精、去伪存真、由此及彼、由表及里"的思索，把握透过现象认清其本质，揭示战略单元现象之间内在的、本质的、必然的联系的经验学习规律。

---

① 《毛泽东选集》第3卷，人民出版社1991年版，第801页。

历史自信
增强做中国人的志气、骨气和底气

把握调查研究经验学习规律。就是要大兴调查研究之风，把调查研究作为学习的重要途径。人民是一切知识经验的创造者，是真正的英雄。要知道人民群众的所思所想所盼，要获得人民实践的知识经验，集中人民的智慧，改进战略工作，必须放下架子，甘当小学生，拜人民为师，带着问题，深入群众，进行系统的调查研究。多同群众座谈，多同干部谈心，多商量讨论，多解剖典型，多到困难和矛盾集中、群众意见多的地方去，不走过场，不搞形式主义，切实提高调查研究的质量，真正达到总结经验、探索战略规律、指导工作、解决问题的效果。

建设战略思维学习型政党。从哲学意义上来讲，读书学习客观上是一个去粗取精、去伪存真的过程，必须联系实际，知行合一，通过理论的指导、利用知识的积累，来洞察客观事物发展的规律。建设战略思维学习型政党是中国共产党推动党和人民事业顺利发展的一条成功经验。建设战略思维学习型政党以党员的战略素质提高和党的全面长远发展为根本宗旨，并最终以党员干部战略思维素质率先发展影响、辐射、带动全面长远发展。新时代中国共产党人面临着许多艰难复杂的难题，其中有许多问题我们既没有成功的经验，也没有可借鉴的模板。中国共产党无论是现在还是将来，都需要加强战略思维学习，都需要通过不断建设战略思维学习型政党来提高和改进社会实践的治理水平，提升能力素质，这是中国共产党未来成功的支撑力量。

第七章 图之于未萌，虑之于未有：从战略思维上看问题想问题

不谋万世者，不足谋一时；不谋全局者，不足谋一域。中国共产党战略思维蕴含的智慧跨越时空、历久弥新。当前，艰巨的历史任务和复杂多变的国际形势，要求我们不断提高战略思维决策能力。正如习近平总书记所说，要树立大历史观，从历史长河、时代大潮、全球风云中分析演变机理、探究历史规律，提出因应的战略策略，增强工作的系统性、预见性、创造性。中国共产党千秋伟业，百年恰是风华正茂。在新的"赶考"路上，我们勿忘昨天的苦难辉煌，无愧今天的使命担当，不负明天的伟大梦想，用战略思维统筹中华民族伟大复兴战略全局和世界百年未有之大变局，"透过复杂现象把握本质，抓住要害、找准原因，果断决策"[①]，"积小胜成大胜"，为实现中国梦强国梦汇聚更多智慧和力量，以成就万千气象。这是坚定历史自信的战略基础。

---

① 《习近平谈治国理政》第3卷，外文出版社2020年版，第223页。

第八章

守正创新：传承弘扬中华文明血脉

探究中华文明上下 5000 多年的历史，在原始社会呈现出相对发达领先的状态，经历相对低潮阶段的奴隶制社会后，在进入封建制社会形态阶段再次处于领先发展的状态，再一次经历了在世界资本主义社会形态发展阶段的低潮之后，在十月革命的影响下，在马克思主义的指导下，在中国共产党的领导下，新时代中国特色社会主义再一次展示了在世界上的领先状态。自新时代以来，习近平总书记反复强调要推动"中华优秀传统文化的创造性转化和创新性发展"[①]，提出了守护弘扬中华文明血脉的时代使命。

---

① 《深入学习习近平关于教育的重要论述》，人民出版社 2019 年版，第 247 页。

第八章　守正创新：传承弘扬中华文明血脉

一、文化底蕴使中华民族凝结为一个共同体

中华文明是以中原传统农耕文明为主，以北方草原游牧文明与山林农牧文明为两翼的复合型文明。这也是一个对内整合不同的亚文明，对外不断吸纳其他文明成果的过程，既具有整体性、内聚性，又具有开放性、包容性的特点，同时具有"大一统"连续性特征。中华文明这些底蕴特质为中华民族共同体的生成凝结奠定了基础。

（一）民族融合是中华民族共同体形成的前提

从历史上看，秦汉的统一与边疆开发，使"夷夏一体"的观念得到加强。魏晋南北朝是中国历史上的大分裂、大动乱、大迁徙、大融合时期，这种大迁徙、大融合反而进一步加强了中华各民族间的内在联系与整体性。隋唐是"大一统"疆域实现的时代，宋朝的现实是辽、金、西夏压境，一统无存，宋人于是强调"正统"，以表明宋室天下一统的合法性。与此同时，辽、西夏、金积极推行汉化与认同，发展了"共为中华"的思想，使中华民族整体观念得到强化和发展。1271年，忽必烈改国号为大元，诏告天下说："建国号曰大元，盖取《易经》乾元之义。"忽必烈根据汉文化经典而改建国号，进一步表明他所统治的国家，已经是"大一统"思想支配下的中原封建王朝的继续。明朝建立者提出了"驱逐胡

虏，恢复中华"的口号。清朝入关后，亦尊崇"四海之内共尊一君"的"大一统"观念。几千年下来，不管什么朝代，不管是不是被征服民族，也不管中间有多长多短的分裂时间，中华民族中无论哪一个民族只要到了这块土地上，就会认同以儒家文化为代表的"大一统""大中华"理念。所以说，民族融合是中华民族共同体形成的前提。

（二）文化融合是中华民族共同体形成的根基

中国自古以来，北有西伯利亚荒原，西面耸立着青藏高原，西南有横断山脉，东部地区临海，这种封闭性的地理环境，使得外来文化传入较晚，原生型的华夏文化成为中华文明的核心文化。以汉族为主体的秦汉帝国通过制度和政策，促进了多民族国家内部政治、经济、文化、风俗、伦理等方面的统一，加强了"中原"与"四夷"一统的观念。进入中原的少数民族，往往自称华夏"先王"之后，在族源上与汉族认同，以谋求自己的发展。匈奴贵族刘渊利用历史上与汉朝的甥舅关系，上接汉统，标榜自己政权的正统性；鲜卑拓跋氏以汉魏正统自居；契丹耶律氏以轩辕之后自居；党项人以夏人之后自居。这些都说明在古代统一的中华民族概念已深入到少数民族之中。汉代丝绸之路开通之后，带来了中亚和西亚的文明，中华文化既得以向外广泛传播，同时也从外面得到启示和丰富，形成中外双向交融的文化格局。而且中原王朝，无论是汉族还是少数民族主持中央政权，都以统一作为最高目标，这种"天下一归"的局面，不仅积淀了中华民族这一庞大的民族集合体，也使中华文明成为传承至今的古老文明。所以说，文化融合是中华民族共同体形成的根基。

二、中华文明复兴是历史的必然

从中国人在海外的情况看，能够建构一种从世界观察中国的视角。"你是中国人吗？"在1979年，世界对中国的了解是如此少，而中国与世界的隔绝是如此深。但正是在这一年，中国的改革开放进入乘风破浪的开局之年。40多年后，中国与世界已经从彼此隔阂走向了广泛融合。正是在这样的背景下，才出现了当下布鲁塞尔"半个广场都是中国人"的盛况，让世界感受到了中华文明复兴的节奏。

中华文明的延续性和创新性决定了中华文明必然复兴。中华文明崇尚"天下为公"和"世界大同"，在很早的时期起就发展出一种为社稷、为苍生、为天下的集体主义精神，"人生自古谁无死，留取丹心照汗青"以及"先天下之忧而忧，后天下之乐而乐"的精神始终是其高扬的主旋律。中华文明以自强不息和厚德载物的伦理精神著称于世，并由此生发出一种不忘初心、砥砺奋进的历史主动精神，使中华民族的历史既充满着连续发展的一脉相承，又不断开辟着中华民族历史和社会发展的新局面。

中华文明的包容性和扬弃性决定了中华文明必然复兴。"驼铃古道丝绸路,胡马犹闻唐汉风。"自西汉起,就有一条连接中国、中亚和欧洲的贸易大通道,横穿欧亚大陆。丝绸、瓷器西去,良马、宝石东来,这一通道的开辟,书写下中西交流史的瑰丽篇章。19世纪末,德国地理学家费迪南·冯·李希霍芬在《中国》一书中,将这条通道称为"丝绸之路",得到广泛认同。明朝的郑和七下西洋,他所统帅的舰队可以说是当时世界上最强大的海军,但他没有运用这无与伦比的军力去侵略别的国家,破坏别的文明,这一和平之旅、文化之旅、交流之旅,促进了中外之间的政治、经济和文化的交流。这就是协和万邦的中华文明本色。实践证明,任何民族、任何国家的文化一旦进入中国这个土地上,很快就会被吸收、消化,或者被排泄掉,或者被彻底同化,变成中华文明的有机组成部分。中华文明正是以这种方式丰富自己、充实自己,发展自己。"只有交流互鉴,一种文明才能充满生命力"。

中华文明的使命性和担当性决定了中华文明必然复兴。《诗经》上有言:"周虽旧邦,其命维新。"对人类来说,中华民族的存在与发展是贯穿人类文明源头到现在的全过程的一个不断源流的象征与符号,事实上也承载着人类文明发展的使命与担当。由此,中华文明发展就具有了强烈的主体性与自主性。这种主体性与自主性,既体现了中华民族自身发展的特性,也蕴含着人类文明发展的内在规律,也正是如此,中华民族才能够始终做到在危难之时上下求索、奋勇拼搏,以至生生不息、源远流长。

中华民族爱国主义精神的坚定性决定了中华文明必然复兴。世界上各个民族,不论其大小和发展程度,都有自己的民族精神,如民族自豪感、民族自尊心、民族感情、民族的正当要求等,而其中的核心体现就是爱国主义精神。中华民族有着深厚的爱国主义传统,涌现出许许多多民族英雄及其可歌可泣的英雄事迹,构成了中华文明的脊梁骨和灵魂。正因为如此,中国人民能够在外敌入侵时决绝奋起,不怕流血牺牲,保卫自己的国家;能够在国家贫弱时,忍辱负重,卧薪尝胆,积聚复兴的能量;能够在重大自然灾难的危重时刻,万众一心,艰苦奋斗,重建家园。

中华民族更为主动的精神力量决定了中华文明必然复兴。习近平总书记在庆祝改革开放40周年大会上的讲话中指出:"江河之所以能冲开绝壁夺隘而出,是因其积聚了千里奔涌、万壑归流的洪荒伟力。在近代以来漫长的历史进程中,中国人民经历了太多太多的磨难,付出了太多太多的牺牲,进行了太多太多的拼搏。现在,中国人民和中华民族在历史进程中积累的强大能量已经充分爆发出来了,为实现中华民族伟大复兴提供了势不可挡的磅礴力量。"[①]这一表述阐释了中华文明经历近代资本主义低潮发

[①] 习近平:《在庆祝改革开放40周年大会上的讲话》,人民出版社2018年版,第43页。

展之后,在马克思主义指导下,中华民族在精神上获得了前所未有的主动,并汇聚成了强大的、更为主动的精神力量,这是任何历史反动潮流阻碍不了的历史大势。这显然是180多年以来历史发展的必然趋势,也是中华文明上下5000多年发展的必然趋势。这就是中华民族的性格,是中华文明生命力之所在。

文化的复兴发展总是通过纵向的传承和横向的传递实现的。中华文明突出的特点和优点积淀了其永恒的生命力。在我国大力实施"文化强国"战略的背景下,中华文明复兴就有了特殊的意义,优秀传统文化复兴之时,便是文化复兴之日,唯有文化复兴,中华民族伟大复兴才有不竭的精神动力、扎实的理论根基和根本的思想保证。

三、人类文明新形态：中国特色社会主义文明

追寻100多年来中华文明发展的历史,马克思主义与中华优秀传统文化相融合,创造性转化、创新性发展,始终是中国特色社会主义文明发展走势的主线。这一过程虽然有曲折,有起伏,有波澜,甚至有惊涛骇浪,但是,它总是向着交流、融合的方向前进。这个历史的大趋势,是任何力量也阻挡不住的,它曾经引领了新中国的诞生,也必将继续指引着中国这条巨龙的腾飞。

第八章 守正创新：传承弘扬中华文明血脉

（一）理论逻辑：以马克思主义为指导

文化的意识形态属性，使得文化的转化创新与社会的发展状态紧紧相连。中国2000多年封建社会的主流意识形态儒学，在近代落伍了，是中华民族跌入半封建半殖民地社会的内在动因。中华文明要复兴，就必须学习和掌握能够应对时代挑战的科学文化。在经过多次的尝试失败后，中国人民最终选择了马克思主义。习近平总书记指出："马克思主义是'科学的理论，创造性地揭示了人类社会发展规律'，是'人民的理论，第一次创立了人民实现自身解放的思想体系'，是'实践的理论，指引着人民改造世界的行动'，也是'不断发展的开放的理论，始终站在时代前沿'。"[①] 正是由于这一思想所具有的这些特征，100多年来，中国共产党人始终将马克思主义基本原理同中国具体实际相结合、与中华优秀传统文化相结合，创立了毛泽东思想、邓小平理论，形成了"三个代表"重要思想、科学发展观，创立了习近平新时代中国特色社会主义思想，从而为党改造中国社会提供了理论依据，并收获了巨大的成功。因此，要发展中国特色社会主义文明，必须以马克思主义为指导。

[①] 习近平：《在纪念马克思诞辰200周年大会上的讲话》，人民出版社2018年版，第7—9页。

历史自信
增强做中国人的志气、骨气和底气

（二）实践逻辑：坚持中国共产党的集中统一领导

我们党是一个具有高度文化自觉和文化自信的马克思主义政党，代表了中国先进文化的前进方向。早在新民主主义革命时期，毛泽东就指出，我们要建设的新中国，不但有新政治、新经济，而且有新文化。党的十一届三中全会以后，邓小平提出要一手抓物质文明，一手抓精神文明，培育有理想、有道德、有文化、有纪律的社会主义新人。2011年，党的十七届六中全会通过了《中共中央关于深化文化体制改革推动社会主义文化大发展大繁荣若干重大问题的决定》。2012年，党的十八大对建设中国特色社会主义文化作出了新的部署。2017年，党的十九大提出："文化自信是一个国家、一个民族发展中更基本、更深沉、更持久的力量。必须坚持马克思主义、牢固树立共产主义远大理想和中国特色社会主义共同理想，培育和践行社会主义核心价值观，不断增强意识形态领域主导权和话语权。"[①] 2021年，《决议》指出："党中央强调，中华优秀传统文化是中华民族的突出优势，是我们在世界文化激荡中站稳脚跟的根基，必须结合新的时代条件传承和弘扬好。"[②] 2022年，党的二十大提出："我们要坚持马克思主义在意识形态领域指导地位的根本制度，坚持为人民服务、为社

---

① 《党的十九大报告辅导读本》，人民出版社2017年版，第22—23页。
② 《中共中央关于党的百年奋斗重大成就和历史经验的决议》，人民出版社2021年版，第46页。

会主义服务，坚持百花齐放、百家争鸣，坚持创造性转化、创新性发展，以社会主义核心价值观为引领，发展社会主义先进文化，弘扬革命文化，传承中华优秀传统文化，满足人民日益增长的精神文化需求，巩固全党全国各族人民团结奋斗的共同思想基础，不断提升国家文化软实力和中华文化影响力。"[①]这些论断充分表明，打造中华民族共有精神家园，建设中国特色社会主义文化强国，走中国特色社会主义文化发展道路，发展中国特色社会主义文明，必须坚持中国共产党的集中统一领导。

（三）历史逻辑：创造性转化

在中华民族5000多年传承发展的历程中，形成了以爱国主义为核心的团结统一、爱好和平、勤劳勇敢、自强不息的伟大民族精神，习近平总书记将其概括为伟大创造精神、伟大奋斗精神、伟大团结精神和伟大梦想精神。伟大民族精神博大精深，学习和掌握其中的思想精华，对于树立正确的世界观、人生观、价值观，更好地认识世界、认识社会、认识自己都很有益处。"天行健，君子以自强不息""天下兴亡，匹夫有责""位卑未敢忘忧国""苟利国家生死以，岂因祸福避趋之""当今之世，舍我其谁""继往

[①] 习近平：《高举中国特色社会主义伟大旗帜 为全面建设社会主义现代化国家而团结奋斗——在中国共产党第二十次全国代表大会上的报告》，《人民日报》2022年10月26日。

开来,革故鼎新""国而忘家,公而忘私"等中华优秀传统文化中所富含的奋斗精神、担当精神、牺牲精神、创新精神及奉献精神等,都应该为我所用。

近现代以来,中国共产党带领中国人民创造了红船精神、井冈山精神、长征精神、延安精神、西柏坡精神、大庆精神、雷锋精神、焦裕禄精神、"两弹一星"精神、女排精神、载人航天精神、青藏铁路精神、抗震救灾精神、伟大建党精神及抗疫精神等,共同铸造了中华优秀传统文化创造性转化的精神品格,成为推动中华文明伟大复兴、人类进步的精神动力,并熔铸在党的治国理政思想中的方方面面。新时代以来,以习近平同志为核心的党中央始终从中华民族最深沉精神追求的深度看待中华优秀传统文化,从国家战略资源的高度继承中华优秀传统文化,从推动中华民族现代化进程的角度创新发展中华优秀传统文化,使之成为实现中华民族伟大复兴的根本性力量。回首复兴路,古老的文明"密码"中积淀着中华民族最深层的精神追求,从孔子主张"天下为公"的"大同梦",到孙中山奏响"驱除鞑虏、恢复中华"的时代最强音,再到今天习近平总书记提出的"构建人类命运共同体"美好愿景,无不体现着中华优秀传统文化创造性转化的历史接力传承。

(四)时代逻辑:创新性发展

"创新精神是中华民族最鲜明的禀赋。在5000多年文明发展

第八章 守正创新：传承弘扬中华文明血脉

进程中，中华民族创造了高度发达的文明，我们的先人们发明了造纸术、火药、印刷术、指南针，在天文、算学、医学、农学等多个领域创造了累累硕果，为世界贡献了无数科技创新成果，对世界文明进步影响深远、贡献巨大，也使我国长期居于世界强国之列。"① 不断发展更新、不断创造新事物和新局面，是中华文明发展的基因。

我们可以看到，中国共产党的指导思想是马克思主义中国化时代化的理论成果，从毛泽东思想到习近平新时代中国特色社会主义思想，都是应对时代挑战，历经伟大实践检验创新发展的成果。实践证明，处理好马克思主义与中华优秀传统文化的关系，发展中国特色社会主义文明主要包括双向建构的两个方面：其一，马克思主义汲取中华优秀传统文化精华，不断丰富和发展中国化时代化马克思主义，作为党和国家长期坚持的指导思想。其二，以中华优秀传统文化遵循"与当代社会相适应，与现代文明相协调"的原则，经过自我变革，适应现代社会的新形态，守住中华文明的根脉，以实现中华文明的伟大复兴。

可以预见，一个崭新的人类文明形态——中国特色社会主义文明必将伴随着中华民族的伟大复兴，在世界人民面前繁荣发展。它犹如一棵参天的大树，优秀的传统文化是它的根基，革命战争

---

① 习近平：《在中国科学院第十七次院士大会、中国工程院第十二次院士大会上的讲话》，人民出版社2014年版，第3—4页。

年代的红色文化和当代的社会主义先进文化是它的主干,外来的其他民族的健康有益文化为它增加了营养,马克思主义就是它的灵魂,中国共产党就是它的集中统一领导力量。

四、走向人类命运共同体

许多刚到巴西履职的中国记者都会得到这样一个建议:对巴西的过去和现在有什么不明白的,可以去请教塔瓦雷斯;对中国的过去和现在有什么困惑的,也可以去请教这位中国问题专家。塔瓦雷斯已年过九旬,关注和研究中国40多年。1971年,塔瓦雷斯在巴西《环球报》发表了他的第一篇关于中国的长篇通讯。2014年7月,他在《人民日报》上发表文章《中拉是互惠互利的典范》:"中国与万里之遥的拉美建立了亲密无间的伙伴关系,这对促进世界和平和均衡发展具有重要借鉴意义。"其实,对待不同的文明,不能只满足于欣赏它们产生的精美物件,更应该去领略其中包含的人文精神;不能只满足于领略它们对以往人们生活的艺术表现,更应该让其中蕴藏的精神鲜活起来。

马克思指出:"全部哲学,特别是近代哲学的重大基本问题,是思维和存在关系的关系问题。"① 中华文明是一种整体性思维,

---

① 《马克思恩格斯选集》第4卷,人民出版社2012年版,第229页。

第八章 守正创新：传承弘扬中华文明血脉

认为人与人、人与自然共处于同一个命运共同体中，各部分之间相互联系、相互依存，个体的命运和价值与他者以及整体密切相关，整体利益高于并优于个体利益。20世纪90年代，冷战结束之后，世界各国利益冲突继续存在的同时，一些发达国家把世界文明的本质关系理解为文明的冲突。在此背景下，习近平总书记以马克思主义为指导，遵循人类社会发展的大势，提出人类命运共同体理念。

人类命运共同体，顾名思义，就是每个民族、每个国家的前途命运都紧紧联系在一起，应该风雨同舟，荣辱与共，努力把我们生于斯、长于斯的这个星球建成一个和睦的大家庭，把世界各国人民对美好生活的向往变成现实。"构建人类命运共同体，建设持久和平、普遍安全、共同繁荣、开放包容、清洁美丽的世界"，习近平总书记在党的十九大报告中的这句话，道出了构建人类命运共同体的核心内涵。具体来讲，政治上，要相互尊重、平等协商，坚决摒弃冷战思维和强权政治，走对话而不对抗、结伴而不结盟的国与国交往新路。安全上，要坚持以对话解决争端、以协商化解分歧，统筹应对传统和非传统安全威胁，反对一切形式的恐怖主义。经济上，要同舟共济，促进贸易和投资自由化便利化，推动经济全球化朝着更加开放、包容、普惠、平衡、共赢的方向发展。文化上，要尊重世界文明多样性，促进文明交流、加强文明互鉴、实现文明共存。生态上，要坚持环境友好，合作应对气候变化，保护好人类赖以生存的地球家园。这体现人类命运共同体的核心内涵和深远追求。构建人类命运共同体，是马克思主义中国化时代化的最新成果之一，科学回答了"世界向何处去、人类怎么办"的时代之问，体现了全人类共同价值追求，深刻反映了世界文明大趋势、世界文明新要求和世界文明新自觉。

（一）世界文明大趋势

回望世界历史长河，人类文明版图在分合交融中持续推进。中国和巴基斯坦地理相近，利益相连，情感相亲。巴基斯坦是首个同中华人民共和国建立外交关系的伊斯兰国家，早在1951年5月21日，两国就建立了外交关系。在巴基斯坦，有这么一句名言："宁舍金子，不舍中巴友谊。"2008年5月12日汶川大地震后，巴基斯坦时任总统穆沙拉夫亲临中国驻巴基斯坦大使馆，向中国人民表示慰问。当然，在巴基斯坦需要中国的时候，中国也是巴方的坚强后盾，让他们看到了中国的历史、文化和发展，更体会到了中国人民对巴基斯坦人民的深情厚谊。2015年10月21日，习近平主席在伦敦发表的演讲中，用讲故事的方式，表明希望通过人文交流，拉近中国与英国的"文化距离"，让"中英两国文化中的精华"，能"对两国人民的思维方式和生活方式"产生奇妙的"化学反应"。今天，地区合作已成为世界经济和政治发展的重要标志之一，国家之间的合作利益已成为国家利益的重要组成部分。

文明形成源于人类生存与发展经验的总结,在处理人与自然、人与社会和人与自我的关系中,各个国家和地区探索出了一套适合自身生存与发展的优化"方案"。在文明的演进过程中,已经结成不可分割的利益共同体,没有任何一种文明能够凭借一己之力谋求自身的绝对繁荣,或从全球化时代的世界秩序中长久获益。以共同体方式抵御风险、谋求生存,是人类的命运性选择,并逐渐形成由多样文明构成的世界文明。所以说,人类命运共同体是习近平总书记在把握世界发展潮流、人类命运走势上展现出的一种价值观,是世界文明大趋势。

(二)世界文明新自觉

文明不是静止的、僵化的,而是不断变化的,它在不断的蜕变中获得新生,在不断吸纳外来文化中变得丰富而有活力。在人类命运共同体视野中,不管是在共同体内部还是在共同体之间,实现和平、发展、公平、正义等理想目标,都不可能一蹴而就,而是需要一个发展过程。同时,实现这些目标需要系统性地考虑历史、现实、未来,自身与他人以及政治、经济、社会、文化、生态等条件、要素、领域。可以说,这一思想具有深刻的过程性和系统性。

知行是否一致,是人们判定一种世界观、价值观是否真实的现实标准。中国不仅在观念上倡导人类命运共同体理念,更是以"一带一路"等方式,渐进地、系统地实践人类命运共同体理念。"一带一路"倡议秉持和遵循共商共建共享原则,努力实现政策沟通、设施联通、贸易畅通、资金融通、民心相通,是发展的倡议、合作的倡议、开放的倡议。这种话语同行为的一致性、真实性,使人类命运共同体理念日益获得了国际社会的广泛认同。人类命运共同体最核心的思想内涵是将利益关系上升为命运结构。利益共同体可能是脆弱的,但命运共同体必然是紧密的,因为命运的相连,不再是局部和短期的,而一定是整体和长期甚至永恒的。人类命运共同体理念,为现代条件下世界文明的共同繁荣与发展,提供了强大的思想指引和行动方案,体现了世界文明新自觉。

(三)世界文明新动力

人类社会发展史上,由于对文明分歧与矛盾认识不清,处理不当,出现了很多因为文明不同而引发的冲突和战争,这也是"文明冲突论"最基本的思维逻辑。古老的文明多依河而生,多样性是文明与生俱来的特质,这是一种历史和未来的长期存在。近代以来,随着现代化与全球化的不断发展,以及人类历史向世界历史的转变,多样性的人类文明在分合交融中逐步承载起人类共同体的使命。中华文明从古典向现代转型成功,并探索出面向未来的人类文明的中国形态——中国特色社会主义文明,这既标志着作为最古老文明体之一的中华民族自身凤凰涅槃架构的实现,同时也是人类文明发展源远流长并不断走向未来的重要象征。

第八章　守正创新：传承弘扬中华文明血脉

多样性的人类文明是平等共存的关系。在漫漫历史长河中，文明差异成为推动人类文明进步的动力。"和羹之美，在于合异。"1940年，冼星海受命从延安前往苏联，为大型纪录片《延安与八路军》进行后期制作。然而，1941年苏德战争爆发，他辗转到阿拉木图。他根据哈萨克民族英雄阿曼盖尔德的事迹创作的交响诗《阿曼盖尔德》，激励着人们为抗击法西斯而战，受到当地人民的广泛欢迎。习近平总书记曾指出："每种文明都有其独特魅力和深厚底蕴，都是人类的精神瑰宝。不同文明要取长补短、共同进步，让文明交流互鉴成为推动人类社会进步的动力、维护世界和平的纽带。"①

纵览人类文明的发展史，一个最基本的经验是，文明复兴需要的不仅仅是对新鲜文明的拥抱，更重要的是如何在固有传统的延续中实现新旧文明的整合。如果分析面向未来的人类文明——中国特色社会主义文明在中国的生成情况，我们就会发现，这一文明形态的建构是在这三个逻辑共同演绎下实现的：中华文明自身发展逻辑使文明发展能够承接过去与保持自主，现代文明发展逻辑使文明发展能够面对现代与推动发展，共产主义运动逻辑能够使我们面向未来与保持动力。因此，中华文明实现复兴所能达到的高度，取决于我们能够在多大程度上保留5000多年文明史中

---

① 《习近平谈治国理政》第2卷，外文出版社2017年版，第544页。

历史自信
增强做中国人的志气、骨气和底气

所积淀下来的主体性与高度自主性的现代文明特质。我们坚信，在中国共产党的领导下，立天下之正位，行天下之大道，中华文明一定会实现伟大的复兴！这是坚定历史自信的文明基础。

第九章

备预不虞：在党史学习教育中筑牢历史记忆

中国共产党历来重视从党史中汲取智慧和力量。在中国革命、建设和改革事业中，我们党和国家领导人围绕党的历史发表了一系列重要论述。党的十八大以来，以习近平同志为核心的党中央一如既往地重视对党的历史的学习，用党史这一宝贵资源和丰厚遗产教育党员干部，提出学史明理、学史增信、学史崇德、学史力行的要求，以看清楚过去我们为什么能够成功、弄明白未来我们怎样才能继续成功，更好地把握党的历史发展主题主线、主流本质，坚定历史自信、筑牢历史记忆，满怀信心地向前进，这是我们党的重大政治优势。

历史自信
增强做中国人的志气、骨气和底气

一、历史的回顾

作为马克思主义政党，中国共产党成立初期，就开始探索学习自身发展的历史，并随着自身逐步发展壮大，开展了有组织成规模的党史学习教育。

中国共产党成立初期。马克思主义经典作家的相关论述为党史学习教育提供了基本遵循。马克思认为："历史是不能靠公式来创造的。"[1]"历史从哪里开始，思想进程也应当从哪里开始。"[2]恩格斯提出："现代唯物主义把历史看做人类的发展过程，而它的任务就在于发现这个过程的运动规律。"[3]列宁认为"每个历史时期都有它自己的规律"[4]。马克思主义经典作家关于"历史"和"规律"的论述为中国共产党人学习历史、总结经验奠定了根本逻辑前提。党的早期领导人蔡和森提出："研究俄国革命的经验与俄国共产党的历史，但是同时我们又要知道中国革命及我党要如何发展及其发展的道路如何，故须明白我党的历史。"[5]毛泽东指出："什么叫'古'？'古'就是'历史'，过去的都叫'古'，自盘古开天地，一直到如今，这个中间过程就叫'古'，'今'

---

[1] 《马克思恩格斯选集》第1卷，人民出版社2012年版，第244页。
[2] 《马克思恩格斯选集》第2卷，人民出版社2012年版，第14页。
[3] 《马克思恩格斯选集》第3卷，人民出版社2012年版，第400页。
[4] 《列宁选集》第1卷，人民出版社2012年版，第34页。
[5] 《蔡和森文集》（下），人民出版社2013年版，第134页。

就是现在，我们单通现在是不够的，还须通过去。"①"我们是历史主义者，给大家讲讲历史，只有讲历史才能说服人"②，进一步说明了为什么要学习党史的问题。

延安时期及中华人民共和国成立前期。1939年5月，党中央召开延安在职干部教育动员大会，强调要重视历史的学习。1941年，毛泽东提出"改造我们的学习"③，要求全党用马克思列宁主义的态度对中国近代史作综合的研究。同年9月至10月，中共中央政治局召开扩大会议，要求党的高级干部开始学习和研究党的历史，总结党的历史经验，以求从政治上分清是非，达到基本一致的认识，为全党普遍整风做了准备。1943年，刘少奇提出"一切干部，一切党员，应该用心研究二十二年来中国党的历史经验"④。延安整风时期，中央先后作了《六大以来》《六大以前》《两条路线》的文献汇编，供全党学习党史之用。1944年，党的六届七中全会讨论并通过了《关于若干历史问题的决议》，这是整风运动的重要成果，也是党中央号召全党学习研究党史的实践成果。这一时期的中共党史学习教育，使全党特别是党的高级干部深化了对马克思列宁主义的认识，实现了思想上的统一，为党的七大的召开做了充分必要的准备。在1947年至1948年的整党实践中，

---

① 《毛泽东文集》第2卷，人民出版社1993年版，第177页。
② 《毛泽东文集》第8卷，人民出版社1999年版，第276页。
③ 《毛泽东选集》第3卷，人民出版社1991年版，第795页。
④ 《刘少奇选集》上卷，人民出版社1981年版，第300页。

在纠正党员干部的非无产阶级思想、在作风上克服官僚主义与命令主义方面取得了很大的成效。

社会主义革命和建设初期。中华人民共和国成立初期,中国共产党主要学习苏联共产党的历史。1953年,中央决定组织党员干部学习《联共(布)党史简明教程》第九章至第十二章。但是,后来随着苏联模式的弊端逐渐暴露,中国共产党开始以苏为鉴,学习教育的主要内容转变为学习中共党史。毛泽东还按照历史发展顺序,以大革命时期、抗战时期、内战时期对党史进行划分,并在《我们党的一些历史经验》《总结经验,教育干部》等著作中对不同历史分期的党史进行阐述,进一步发展了民主革命时期提出的关于如何研究中共党史的论述。党中央还于1954年12月制定了《关于轮训全党高、中级干部和调整党校的计划》,要求在全体党员中进行马克思列宁主义、毛泽东思想的系统学习。与此同时,为了提高学习效果,中共中央决定出版《毛泽东选集》第一卷至第四卷,使之成为全党学习马克思主义中国化理论成果的基本教材。此外,进行的整风整党运动,在实践上起到了改进党的作风,提高了党的战斗力的重要作用。

改革开放和社会主义现代化建设时期。党的十一届三中全会后,为加强党史学习,党中央采取了一系列重大措施。1980年1月29日,中共中央发出通知,决定成立中央党史委员会,同年5月,决定成立中共中央文献编辑委员会。随之,邓小平提出:"我看应该搞学

第九章　备预不虞：在党史学习教育中筑牢历史记忆

习运动，认真学习马克思、列宁和毛泽东同志的著作。这个学习必须联系中国革命的历史，这样就能了解党是怎样领导革命的，了解毛泽东同志有哪些功绩，使大家知道中国革命是怎样成功的。《关于建国以来党的若干历史问题的决议》通过以后，要组织大家认真学习，然后要引导大家认真读点书。"[①]1981年3月26日，邓小平在同《关于建国以来党的若干历史问题的决议》起草小组负责同志谈话时，还特意强调："也要学点历史。青年人不知道我们的历史，特别是中国革命、中国共产党的历史。""结束语中也要加上提倡学习的意思。"[②]1987年，邓小平继续深入阐释这一思想："我们要用历史教育青年，教育人民。""总结历史，不要着眼于个人功过，而是为了开辟未来。""这是中国发展的一个精神动力。"[③]与此同时，1983年至1987年的党中央进行的全面整党，在实践上使党的思想、组织、纪律、作风均比以往有了很大进步。在此基础上，1991年，中宣部、中组部联合发出《关于组织党的各级干部学习中共党史和马克思主义党的建设理论的通知》。同年，经中共中央党史领导小组批准，由中共中央党史研究室编写的《中国共产党历史》（上卷）和《中国共产党的七十年》分别出版。2002年9月，经中共中央批准，《中国共产党历史》（上卷）经修订后改名为《中国共产党历

---

① 《邓小平文选》第2卷，人民出版社1994年版，第381页。
② 《邓小平文选》第2卷，人民出版社1994年版，第304页。
③ 《邓小平文选》第3卷，人民出版社1993年版，第206、272、358页。

> 历 史 自 信
> 增强做中国人的志气、骨气和底气

史》(第一卷)出版。1993年7月5日,江泽民再次强调提出:"要努力学习中国历史特别是中国近现代历史和党的历史,并通过这种努力掌握和发扬中华民族的优良传统和党的优良传统。这一点对于各级领导干部也是十分重要的。"① 1998年,中共中央印发《关于在县级以上党政领导班子、领导干部中深入开展以"讲学习、讲政治、讲正气"为主要内容的党性党风教育的意见》。到2000年底,"三讲"教育基本结束,取得了良好的实践效果。党的十六大后,2002年12月,胡锦涛带领中央书记处成员到西柏坡学习考察,重温毛泽东关于"两个务必"的重要论述。2003年11月24日,胡锦涛深刻提出:"在全面建设小康社会、加快推进社会主义现代化的新形势下,在深刻变化的国际环境中,我们要更加重视学习历史知识,更加注重用中国历史特别是中国革命史来教育党员干部和人民。我们不仅要学习中国历史、还要学习世界历史,不仅要有深远的历史眼光、而且要有宽广的世界眼光,善于从中外历史上的成功失败、经验教训中进一步认识和把握历史发展和社会进步的规律,认识和把握时代发展大势,增强历史主动性,提高治国理政的才干,更好地团结带领人民开创中国特色社会主义事业的新局面。"② 同年,中共中央印发《关于在全党开展以实践"三个代表"重要思想为主

---

① 江泽民:《论党的建设》,中央文献出版社2001年版,第93页。
② 《毛泽东邓小平江泽民胡锦涛关于中国共产党历史论述摘编》,中央文献出版社2021年版,第145页。

第九章　备预不虞：在党史学习教育中筑牢历史记忆

要内容的保持共产党员先进性教育活动的意见》。2005年1月至2006年6月，全党开展了这一教育活动。2008年，中共中央印发《关于在全党开展深入学习实践科学发展观活动的意见》。2008年9月至2010年2月，全党分批开展了这一活动。2010年，中共中央办公厅转发中组部、中宣部《关于在党的基层组织和党员中深入开展创先争优活动的意见》，对开展创先争优活动作出部署。这一系列学习活动，均取得了良好的实践效果。2010年6月，中共中央印发《关于加强和改进新形势下党史工作的意见》，深刻阐释党史工作的意义，明确规定新形势下党史工作的指导思想、基本要求和主要任务，对加强党史工作的领导、提高党史工作科学化水平提出新要求。同年7月，中共中央召开全国党史工作会议，时任中央政治局常委、书记处书记的习近平同志到会并发表重要讲话。

中国特色社会主义进入新时代。新时代以来，以习近平同志为核心的党中央勾勒出党史学习教育的新图景，提出了新举措，使之进一步成为学习党的历史、坚定理想信念的重要载体。其一，从方法维度上。习近平总书记以身作则，率先垂范，缅怀革命前辈，回顾奋斗历程，为全党树立起党史学习的高标杆。2015年，习近平总书记参观遵义会议陈列馆，认真倾听党史讲解，并提出要给大家好好讲，告诉大家我们党是怎么走过来的。领导干部带头是具体的而不是抽象的，是全面的而不是有选择的。其二，从实践维度上。党中央把党史学习教育摆在更加重要的位置。2013

历史自信
增强做中国人的志气、骨气和底气

年5月9日,中共中央印发《关于在全党深入开展党的群众路线教育实践活动的意见》。2013年6月至2014年9月,全党分两批开展以为民务实清廉为主要内容的党的群众路线教育实践活动,集中整治形式主义、官僚主义、享乐主义和奢靡之风"四风"问题。2015年4月10日,中共中央办公厅印发《关于在县处级以上领导干部中开展"三严三实"专题教育方案》。从4月底开始,在县处级以上领导干部中不分批次、不划阶段、不设环节开展"三严三实"专题教育,着力解决"不严不实"问题。2016年2月24日,中共中央办公厅印发《关于在全体党员中开展"学党章党规、学系列讲话,做合格党员"学习教育方案》。2017年3月20日,中共中央办公厅印发《关于推进"两学一做"学习教育常态化制度化的意见》。2019年5月21日,中共中央印发《关于在全党开展"不忘初心、牢记使命"主题教育的意见》。2019年5月底至2020年1月,全党分两批开展"不忘初心、牢记使命"主题教育。2021年2月20日,党史学习教育动员大会召开,习近平总书记讲话并阐明党史学习教育的重点和工作要求,对党史学习教育进行全面动员和部署,要求树立正确党史观。此前,中共中央印发《关于在全党开展党史学习教育的通知》。此次会议后,《论中国共产党历史》《毛泽东邓小平江泽民胡锦涛关于中国共产党历史论述摘编》《中国共产党简史》等党史学习教育用书出版。2021年6月18日,中国共产党历史展览馆开馆。同年7月1日,

第九章 备预不虞：在党史学习教育中筑牢历史记忆

习近平总书记在庆祝中国共产党成立 100 周年大会上发表讲话。同年 12 月，中共中央政治局以"弘扬伟大建党精神，坚持党的百年奋斗历史经验，坚定历史自信，不忘初心使命，勇于担当作为，走好新的赶考之路"为主题，召开党史学习教育专题民主生活会。2022 年 3 月，中共中央办公厅印发了《关于推动党史学习教育常态化长效化的意见》，并发出通知，要求各地区各部门结合实际认真贯彻落实。其三，从理论维度上。逐渐形成了习近平关于学习"四史"的重要论述。首先，形成了习近平总书记关于学习党史、国史的重要论述。2013 年 6 月，习近平总书记将党史、国史喻为共产党员的必修课，并要求必须把这门功课修好。其次，形成了习近平总书记关于学习党史、新中国史、改革开放史的重要论述。2019 年，党的十九届四中全会将改革开放史和党史、新中国史一并作为推动理想信念教育常态化制度化的学习内容。最后，形成了习近平总书记关于学习"四史"的重要论述。2020 年伊始，习近平总书记在"党史、新中国史、改革开放史"基础上增加了"社会主义发展史"的论述，至此，社会主义发展史与党史、新中国史、改革开放史一道形成"四史"的整体论述。

通过对这一历程的回顾我们清楚地看到，每一次党史学习教育都有力地推动着全党思想理论水平的提高与党的实践工作的有力开展，都对党在各个历史时期重大决策的贯彻落实起到了不可或缺的助推作用。学习内容主要体现为理想信念教育、党的宗旨

历史自信
增强做中国人的志气、骨气和底气

意识教育、党的优良传统和作风教育、党风廉政教育、组织纪律观念教育等。这些教育相互联系、相互作用，内在统一于提高忠诚性、廉洁性和斗争性等目标要求，即信仰共产主义，坚持中国特色社会主义；全心全意为人民服务；坚持民主集中制；开展批评和自我批评，同各种违纪违法行为作斗争。这些都为以后的学习教育提供了启示。

二、历史的启示

学者非必为仕，而仕者必为学。在全党开展党史学习教育不可能一蹴而就，更不可能一劳永逸，必须持之以恒，久久为功。我们要坚决贯彻习近平总书记关于党史学习教育常态化长效化的号召，围绕聚焦中国共产党百年奋斗的十条历史经验和党史学习教育的历史经验，应进一步强化党史学习教育的信念引领力、让正史成为共识、强化党史学习教育的理论阐释力、构建党史学习教育大体系，坚定历史自信、战略自信，增强信心斗志。

（一）升华思想内涵：强化党史学习教育的信念引领力

革命理想高于天。我们要充分感悟革命先烈用生命诠释的崇高信仰，深刻领悟革命先烈践行的生命诚可贵、信仰价更高的价值追求，继承发扬革命先烈们坚如磐石的革命情怀和舍生取义的崇高境界，使信仰之火始终熊熊不熄。

培育忠诚素质。要在党史学习教育中注重培育党员干部的忠诚品质，牢记自身的第一职责就是为党工作，以共产党员的第一身份"爱党、护党、忧党、为党"，时刻与党同呼吸共命运。要在党史学习教育中拧紧党员干部的"三观"这个"总开关"，灵活运用马克思主义的立场、观点和方法解决现实问题，构筑党员干部的精神高地，筑牢拒腐防变的思想"堤坝"。党员干部要结合新时代以来的伟大变革，领会党的最新创新理论，着力提升政治判断力、政治领悟力和政治执行力，共同将学习成果有效转化为社会建设实效。

坚定人民立场。100多年来，我们党始终站稳人民立场，做到造福人民和植根人民，以人民的切身利益为抓手，及时回应人民的关切，用心用情解决人民的各类"急难愁盼"问题，做到与人民心连心、同呼吸、共命运，让人民的获得感成色更足、幸福感更可持续、安全感更有保障。一大批具有高尚道德情操的共产党人用生命生动诠释了"立党为公、执政为民"的诺言，赢得了人民群众对中国共产党的依赖和拥护。新时代党员干部要在党史学习教育中，向革命先辈们对标看齐，以人民群众对美好生活的向往为出发点，立足人民群众的烦心事和困难事，紧抓最突出最重要的问题，真正做到沿着我们确定的道路不断前进。

坚定复兴伟业信心。100多年党史就是探索怎样实现民族复兴的奋斗史。今天我们比以往任何时候都更接近、更有信心、更有能力实现伟大复兴目标。通过党史学习教育，要深刻认识中华民族共同体意识是国家统一之基。在近代以来的抗争中，中华民族共同体意识实现了从自在到自觉的伟大转变，全国各族人民的血流到了一起、心聚在了一起，使各民族像石榴籽一样紧紧抱在一起。通过党史学习教育，要深化认识维护国家统一是中华民族的最高利益。民族复兴、国家统一是大势所趋、大义所在、民心所向。台湾问题是中国的内政，事关中国核心利益和中国人民民族感情，不容任何外来势力干涉。解决台湾问题、实现祖国完全统一，是中国共产党矢志不渝的历史任务，是全体中华儿女的共同愿望，是中华民族根本利益所在。解决台湾问题的主导权主动权始终牢牢掌握在我们的手中，坚决反对和遏制任何形式的"台独"，两岸中国人、海内外中华儿女应共担民族大义、顺应历史大势，共同推进祖国和平统一进程。台湾问题因民族弱乱而产生，也必将随着民族复兴而终结。

（二）坚决批判历史虚无主义：让正史成为共识

历史虚无主义作为一种政治思潮伴随着我国改革开放的深入推进进入我国。历史虚无主义思潮究其根本是一种唯心主义历史观，借以"重叙历史""反思历史"等口号对中国共产党的历史进行"理性反思""重新评价""还原真相"等，肆意解构中国

第九章　备预不虞：在党史学习教育中筑牢历史记忆

共产党100多年历史，对主流意识形态造成了冲击。因此，对其批判及构建应对理路，是新时代加强党史学习教育的必然要求。

加强党史研究筑牢唯物史观，揭露历史虚无主义的叙事逻辑。毛泽东曾经说过："现在大家都在研究党的历史，这个研究是必须的。如果不把党的历史搞清楚，不把党在历史上所走的路搞清楚，便不能把事情办得更好。这当然不是说要把历史上每一件事搞得清楚了才可以办事，而是要把党的路线政策和历史发展搞清楚。"① 其一，应树立唯物史观的大历史观。要将中国社会历史的发展置于历史长河、时代大潮和全球风云中来分析，而不是忽视历史事件的时空联系。党史研究要站在党和人民的立场，用辩证的、历史的、实践的观点来解读和运用历史，揭露历史虚无主义的唯心主义叙事逻辑。其二，应科学把握党史的整体性和规律性、培育历史思维。一方面，党史研究不能因为某一历史成就而回避历史进程中的失误和曲折，也不能因为某些失误和曲折而否定历史成就，要从全局视野来分析和评判历史事件和历史人物。另一方面，历史的发展需要按照时间发展顺序来进行考究，但是事件之间的内在联系不可被忽略，所以要用历史逻辑思维来考察中国共产党由小变大、由弱变强的内在机理。

提升党史认知水平，防御历史虚无主义的思想渗透。其一，

---

① 《毛泽东文集》第2卷，人民出版社1993年版，第399页。

> 历史自信
> 增强做中国人的志气、骨气和底气

强化中国共产党党史的价值意蕴，以马克思主义引领党史学习教育。首先，要揭示党史背后蕴藏的马克思主义的指导伟力，用马克思主义理论来武装人民的头脑，提升人民的理论水平。其次，党史学习教育要把准政治方向，站稳政治立场，准确把握党史发展的主题主线、主流本质，揭露历史虚无主义的反动实质。其二，要充分运用新媒体新手段新形式进行宣传，增强党史学习教育的地域性和贯通性。加强党史教研队伍建设，实现大中小学党史学习教育的衔接递进，确保党史知识循序分层系统进入教材、课堂和学生头脑。

搞好党史传播，消解历史虚无主义的恶劣影响。其一，推进马克思主义中国化时代化大众化，增强党的指导思想的统摄力。党和政府要用马克思主义的世界观和方法论、党的最新理论成果习近平新时代中国特色社会主义思想来解决人民群众关注的重大现实问题和社会主要矛盾问题，以实事求是的态度和原则提出具体问题的解决方法。其二，创新党史传播模式，拓展党史传播空间。一要打造内容多样的党史文化作品，以迎合不同群体的需求。二要创新传播形态，如"党史微课""党史日历""党史人物"等新媒体产品，多措并举消解历史虚无主义的恶劣影响。

（三）打通生成逻辑：提升党史学习的理论阐释力

瑞士心理学家皮亚杰的建构主义认为，同化是认知主体将外部刺激信息整合成与自身原有认知相容的认知过程,是认知结构中量的增加;顺应是认知主体原有认知与外部刺激信息不相容,将原有认知适时调整与改变,是认知结构中质的改变。该理论的最大特点在于知识的建构性,主张认知主体对外在刺激信息的筛选、加工和处理,并与原有认知结构发生互动,进而生成自己独特的认知体系。运用建构主义教育理念,打通党史学习生成逻辑"理论觉察、理性认识、情感内化和毕生信仰"四个内在联通环节,坚定"四个选择"。

理论觉察,党史学习教育"四个选择"认同的始基。"四个选择",即选择马克思主义、选择中国共产党、选择社会主义道路、选择改革开放。中国共产党党史学习教育,要通过相关的史学理论的阐述和史料的介绍展现中国共产党党史的波澜壮阔,总结社会历史发展的内在规律,从而认同"四个选择"。因而,必须在唯物史观的指导下,就社会历史发展的统一性与多样性、阶段性与趋向性、渐变与突变、量变与质变、必然性与偶然性进行定性分析与定量分析、系统分析与心理分析、归纳与演绎,在纷繁复杂的历史过程中,抽象出其内在规律与必然趋势。让被教育者知"四个选择""所以然",而不是仅仅知"其然",换句话说就是让受教育者认知此段历史"为什么",而不仅仅"是什么"。这是建构的第一步。

理性认识,党史学习教育"四个选择"认同的升华。理性认

历史自信
增强做中国人的志气、骨气和底气

识就是在对经验感知加以理性升华的同时，对党史学习教育"四个选择"科学性的确认。人们的对象性活动总是具有特定的目的性，这种目的性是在概念、判断和推理的理性思维中得以展示。但理性思维并不就此而完结，它在其目的性达成方面还具有独特的表现方式，如质疑、反思和辩护。就是说，对党史学习教育"四个选择"的理性认识，不仅仅是通过概念、判断和推理等逻辑形式获得体系化的基本理论，而是要通过理性的分析实现对党史学习教育"四个选择"科学性的确认，进而达到无可置疑。这是建构的第二步。

情感内化，党史学习教育"四个选择"认同的过渡。在党史学习教育"四个选择"认同机制建构中，经验感知是价值基础，理性认识是逻辑必然。而知识具有两种形态，自然知识和德性知识。作为德性知识，对党史学习教育"四个选择"的学习，不能仅仅停留于理性认识，而是要在理性认识的基础上辅之以感情因素，达到一种踏实、稳定意义上的心理认同，进而向信仰认同跨越。这种跨越既是一种理性认识的结果，也是一种兴奋、满足、愉悦等情感心理体验的进化，进而演化为个人或组织发展的一种内在需要和生命寄托。而要达成这样的教育效果，需要选择合适的教育方法，潜移默化地达到对"四个选择"实现情感上认同。这是建构的第三步。

毕生信仰，党史学习教育"四个选择"认同的归宿。从概念

第九章 备预不虞：在党史学习教育中筑牢历史记忆

上讲，信仰是人们付诸情感依归而形成的一套人生价值体系，是一种精神存在状态，它在解释与构筑人生方面，比科学具有更大的作用。毕生信仰是认知主体在对"四个选择"科学性与价值性认知的基础上，辅之以情感依归，形成的心悦诚服的认同感和归属感。而达成这样的教育效果，也必须采用合适有效的教育方法，使受教育者在深受感染的同时，潜移默化地实现信仰上的认同。这是建构的第四步，也是最后一步。

理论是灰色的，而故事色彩斑斓。在对"理论觉察、理性认识、情感内化和毕生信仰"四个内在环节进行逻辑联通时，可以利用讲故事提升认同效果。讲故事之所以能发生巨大作用，因为它能在讲述者和受众之间，迅速建立一种情感上的联系，容易产生思想上的共鸣。比如，在情感内化这个环节中，运用讲述红色家书故事可以发挥历史细节的独特作用：夏明翰在牺牲前写的家书："亲爱的妈妈，别难过，别呜咽，别让子规啼血蒙了眼，别用泪水送儿别人间""情之厚如斯，百世不足还"。身为人母，赵一曼这位巾帼不让须眉的女英烈，在给儿子宁儿信中的爱是那么质朴而深沉、难舍与愧疚。这位英雄母亲无法陪伴孩子长大，只因选择"誓志为人不为家，涉江渡海走天涯"的革命道路。一段段情真意切的文字，让我们知道，越是在铺满荆棘的路上，就越需要无所畏惧的精神去开拓；越是充满困难的时候，就越需要坚定不移的精神去克服。没有一种担当，比肩负民族的前途命运更为伟大；

> 历 史 自 信
> 增强做中国人的志气、骨气和底气

没有一项使命,比实现人民的共同梦想更为崇高。这种壮烈的革命情怀使受教育者在深受家书人物感染的同时,就在潜移默化地实现了对"四个选择"情感上的心理认同、信念认同。

(四)聚焦实践指向:构建党史学习教育大体系

开展党史学习教育活动,要往深里走,往深里做。"举秋毫不为多力,见日月不为明目,闻雷霆不为聪耳。"应围绕政治能力提升这一教育目标制定党史学习教育大纲,整合教育目标、教育内容、教育力量和教育手段,从多条渠道入手形成"党委统一领导、宣传部门统筹协调、教育部门全力以赴、教师同心协力、全员共同参与"的党史学习教育大体系。

用"一纲"统筹教育目标。以传授党史知识为首要目标。"一纲"指的是党史学习教育大纲,即在现有教育条件的基础上,遵照中央统一规定,坚持落实党史共性要求和强化特色要求相结合,构建党史学习教育内容及标准体系。教育从本质上说,就是"传授知识、培养技能",党史学习教育的首要目的就是传授真实可信的党史知识,使受教育者充分了解中国共产党艰苦卓绝的革命和建设历程,积极引导受教育者对历史事件和历史人物形成正确的认识和评价,尤其是对事件的时代背景和重要影响作出全面、客观和理性的分析,从而有效培养他们的理性思维能力,使其在充分了解党史的基础上,合理解读现在,理性预期未来,达到党史学习教育与理论学习的有

第九章 备预不虞：在党史学习教育中筑牢历史记忆

效统一，从而得出结论"办好中国的事情，关键在党"这一共识。

用"两课"统筹教育内容。"两课"指的是课内教育活动和课外教育活动。课内指的是课堂教学内容，课外指的是社会实践活动。课内教育内容应围绕党史主题、主线、主流和本质，以时间序列为轴线，以重大历史事件、历史人物和历史意义为主要内容，对党史进行归类梳理，制定专题内容体系。在进行专题内容教学时，可增加课堂互动环节。学员在相互交流、相互启发中分享经验。课外社会实践活动，一应积极开展"辉煌伟业"学习参观活动。组织到革命纪念地、改革开放前沿和经济社会发展成效显著的地方学习参观，增强对社会主义制度优越性的认识。二应深入开展党史调研活动。三应利用重大节庆日和纪念日等时间节点，开展主题鲜明的实践活动。四应结合教育内容开展演讲赛、故事会、话剧表演等活动，可通过有效地组织、充分调动他们的学习积极性，使他们在轻松、愉快的氛围中主动地接受党史学习教育熏陶。

加强教师队伍建设。党史学习教育具有鲜明的社会主义意识形态性，这要求党史教师不仅要具有扎实的理论功底，还需具备正确的政治立场和政治方向。第一，要依托高等院校和科研院所的中共党史、中国近代史和中国现代史、中华人民共和国史的本科教育、研究生教育平台优选教师，不断提高师资水平。第二，教师要提高研究能力。要加强对历史和现实重大问题的研究，并要使研究成果服务于教育质量的提高。第三，坚持史论结合的教

历史自信
增强做中国人的志气、骨气和底气

育原则。党史教师必须立足于历史发展过程讲清楚理论体系产生、发展的来龙去脉,把"史""论"结合起来,充分发挥党史育人效果。第四,在党史学习教育过程中不仅要重视中青年精英的选拔和培养,还要重视发挥历经革命战争洗礼的老红军、老党员参与党史学习教育的重要作用。

打造"五法"工具体系。一是教材法,开发党史辅导教材。应根据各自情况,了解各类学员的需求、特性,开发更多实用、有趣的与时俱进的党史辅助教材。同时,还要尽量向学术前沿靠拢,注意发掘、提炼本地的党史资源,编撰一批质量较高、富有特色的教材。形式可多种多样,既可是参考资料汇编、学术经典论著、实践调查报告,也可是重要党史人物的年谱、传记、大事记、论著摘编等。二是资源法,构建党史资源数据库。在信息化、智能化时代,数字化资源库已成为辅助课堂教学不可或缺的手段。在具体操作中,应立足于自身建设,根据历史与逻辑相统一、理论与实际相契合之学科特点,积极探索适用的模块。还要充分利用报刊、广播、电视、展板、讲座、研讨会、知识竞赛、条幅和宣传栏等大众媒介,特别要关注人民网、新华网、中国共产党网、军网等主流门户网站,补充丰富完善党史学习专题网站。同时,构建微信、微课、慕课或电子邮件等多种网络资源为辅的网络教学系统,使网络教学尽可能地覆盖到每一个角落,涉及每一位学员。三是科研法,提高"用学术讲政治"能力。理论研究需要实事求是来支撑，思想政治素养提高尤其需要党史研究来支撑。四是历史人物评价法，提升党史学习教育的生动性。历史人物散落在党史整体发展的全过程，在学习教育中的每一个知识模块都会涉及历史人物，因而对历史人物的评价或简单地介绍是很有必要的，而且这既能突破教育难点，又能拓展课程知识容量，也能调动学员的学习积极性。五是考评法，提升党史学习教育的积极性。坚持"以学评教"的评价原则，以学员学业成就作为考察教育效果的途径，建构一套可操作的教学效果评价体系。

山水万程，步履不停。回顾历史，过往的一切都已化入典籍、遗迹与记忆之中，有的隐而不彰，有的成为今天的一部分，始终贯穿过去、现在与未来，其中蕴含的要义，就称为"神"，也就是历史精神。我们关注历史，除去具体的人、事外，更要注重把握历史背后独特的中国精神。这无疑是中国历史传统中最为内核的层次，也是中华文明内在的基本素质。这种基本素质，在于她历尽危机而未消残壮志，在于她屡经考验而能生机盎然。中国共产党100多年的奋斗史也再次证明"神"的内核："天行健，君子以自强不息。"道之所在，天下归之，德之所在，天下贵之。面向未来，以党史学习教育筑牢历史记忆，坚定历史自信，中华民族一定能在中国共产党的领导下走稳中国特色社会主义人间正道，实现伟大复兴的中国梦、实现天下大同的盛大世界梦。

结束语

中国发展道路的独特性

每个人都具有历史性,都与一定的社会传统不可分离地关联着。在本质意义上,历史与人类共始终。它并未过去,从未完成,它在每一当下生成着,并向着无尽的未来开放。它愈深远,愈具有统一和集中的作用,愈具有启发性。

在人类社会发展史上,各民族都会形成具有各自特质的基本价值导向。价值导向不同,人们认识世界和改造世界的指向就不同。中国是有着古老文明的泱泱大国,在"重义轻利""和衷共济""天下为公"等价值导向指引下,政治、经济、文化在世界文明史上长期处于举足轻重的地位,是唯一一个由古代文明从未中断发展至今的大国,这是人类发展史上的奇迹,并走出了一条独特的发展道路。

结束语　中国发展道路的独特性

一部中国史，就是一部各民族交融汇聚成多元一体中华民族的历史，就是各民族共同缔造、发展、巩固统一的伟大祖国的历史。夏、商、西周是中国古代奴隶制生产方式形成、发展并走向鼎盛的时期。公元前221年，秦始皇统一中国，创立了"皇帝"称号，建立了"大一统"封建体制。当然，君主专制政体并不是古代东方国家的专利，西方历史上也有君主专制政体。但中国古代君主专制政体自秦始到清亡，延续时间之长，却是世界历史上罕见的。

历史就是历史，历史不能任意选择，一个民族的历史是一个民族安身立命的基础。从哲学上看，一种社会传统决不可把自己绝对化，使之成为唯一的、对一切人有效的世界历史性，否则会不可避免地遭受巨大的挑战。近代以来，在世界工业革命如火如荼、人类社会发生深刻变革的时代，中国丧失了与世界同进步的历史机遇，落到了被动挨打的境地，中华民族面临着亡国灭种的严重危机。

历史是从一种生存向另一种生存的转化。在深沉历史精神的滋养下，英雄的中国人民始终没有屈服，各种主义和思潮都拿过来进行尝试，资本主义道路没有走通，改良主义、自由主义、社会达尔文主义、无政府主义、实用主义、民粹主义、工团主义等也都"你方唱罢我登场"，但都没能够解决中国的前途和命运问题。1921年中国共产党应运而生，在马克思列宁主义、毛泽东思想指导下，中国人民走出了漫漫长夜、成立了新中国，站起来了。

历史自信
增强做中国人的志气、骨气和底气

1978年改革开放后，中国特色社会主义使中国人民快速发展起来了。新时代的中国人民正在日益走近世界舞台的中心，向人类最美好的社会——共产主义社会高歌迈进。

历史的统一性寓于历史的多样性实践之中。5000多年历史演进中形成的灿烂文明，100多年中国共产党苦难辉煌的艰辛抗争，70多年中华人民共和国铁血丹心的担当探索，40多年改革开放的激情跃进，构成了中华文明前后相继的历史坐标。2019年9月，习近平总书记在全国民族团结进步表彰大会上深刻指出，秦国"书同文，车同轨，量同衡，行同伦"，开启了中国统一的多民族国家发展的历程。此后，无论哪个民族入主中原，都以统一天下为己任，都以中华文化的正统自居。分立如南北朝，都自诩中华正统；对峙如宋辽夏金，都被称为"桃花石"；统一如秦汉、隋唐、元明清，更是"六合同风，九州共贯"。各民族之所以互助交融，多元之所以合为一体，源自各民族文化上的兼容并包、经济上的相互依赖、情感上的相互亲近，源自中华民族追求"大一统"的强大的内生动力。

世界潮流，浩浩荡荡，顺之则昌，逆之则亡。历史证明，"自强不息""和衷共济""天人合一""协和万邦""大同社会"等价值理念，都是中华民族源远流长、根深蒂固的历史基因。正是这种圆融而不狭隘、通达而不封闭的博大包容，使中华文明得以"天下归心"，并且在交融互鉴、兼收并蓄中不断发展和丰富。

历史也充分证明,"大一统"理念是贯穿中国历代政治格局和思想文化的主线之一,更是维系中华民族共同体意识的重要纽带。历史还充分证明,对历史进程认识得越全面,对历史规律把握得越深刻,党的历史智慧就越丰富,对前途的掌握就越主动。

春风吹拂杨柳新绿,新时代中国正展现出蓬勃生机。让我们更加紧密地团结在以习近平同志为核心的党中央周围,坚持以习近平新时代中国特色社会主义思想为指导,深刻领悟"两个确立"的决定性意义、增强"四个意识"、坚定"四个自信"、做到"两个维护",树立大历史观,站稳人民立场,守护弘扬中华优秀传统文化、洞悉战略思维内在逻辑,坚定历史自信,巩固中华民族的"大一统"格局,尽早解决台湾问题、实现祖国完全统一,向人类社会的美好未来奋进。